テレビドラマは時代を映す

岡室美奈子
Minako Okamuro

ハヤカワ新書 024

はじめに――私の体はテレビでできている

テレビは時代を映す鏡である。テレビは日常に密着したメディアだからこそ、大文字の歴史には刻まれない、人びとの日々の暮らしやその時どきの感覚や感情、そして社会のありようをリアルに映し出してきた。

本書は二〇一九年四月一〇日から二〇二三年三月二二日まで、「教授・岡室美奈子の私の体はテレビでできている」というタイトルで毎日新聞夕刊に四週間に一度の割合で四年間にわたって連載したテレビ番組をめぐるコラムをまとめたものである。ちょうど五〇回続いた連載を八つの章に分け、各章の最後に「幕間エッセイ」と題した小論を書き下ろした。言葉の足りないところも多々あるが、連載部分の加筆修正は最低限にとどめ、執筆当時の勢いを大事にした。

「早稲田大学演劇博物館館長を務める岡室美奈子教授が、過去や現在の、ひょっとしたら未来のドラマの世界も旅しながら、折々のことを語ります」という謳い文句のとおり、ドラマ中心ではあるものの、ときにはバラエティやドキュメンタリーにも触れながらテレビ番組について気の向くままに綴《つづ》ってきた連載である。

振り返れば、この四年間は激動の時代だった。連載開始直後に元号が平成から令和に変わり、二年目には新型コロナウイルス（ＣＯＶＩＤ‐19）のパンデミックが起こり、自粛期間にはテレビ局やスタジオが休止するという事態となった。東京２０２０オリンピック・パラリンピックが延期され、すったもんだの末に翌年無観客で開催された。大会組織委員会会長だった森喜朗元首相が女性蔑視発言で辞任したが、終了後も次々と不祥事が発覚したのは周知のとおりである。アメリカ大統領の交代、ロシアによるウクライナ侵攻、安倍元首相の銃撃事件と統一教会問題、気候変動による災害など大きな出来事や事件が次々と起こった時期でもあった。

特に世界を覆いつくしたコロナ禍には、この連載でもたびたび言及した。二〇二〇年六月二四日付のコラムでは、コロナ禍におけるテレビ番組の生々しい記録の必要性を訴え、「コロナ禍という未曾有《みぞう》の事態のなかで各局がどんなに慌て、外出自粛にどう反応し、どんな工夫をして三密を避け、何を放送／再放送し、どうやって切り抜けたのかを、業界としてしっかり記憶してほしいと思う」と書いている。一視聴者の視点からに過ぎないこのコラムがどれほど時代を映す鏡となりえているかははなはだ心もとないのだが、コロナ禍のテレビ番組の一つの記録として、さらにはテレビ番組を通して見た激動の四年間のささやかな記録として、一緒に辿《たど》っていただければ幸いである。

四年間に取り上げた番組をざっと書き出してみよう。『すいか』、『東京ラブストーリー』、『アフリカの夜』、『いだてん～東京オリムピック噺～』、『マンゴーの樹の下で～ルソン島、戦火の約束～』、『全貌　二・二六事件～最高機密文書で迫る～』、『カーネーション』、『なつぞら』、『スカム』、『サギデカ』、『チャンネルはそのまま！』、『トクサツガガガ』、『だから私は推しました』、『腐女子、うっかりゲイに告る。』、『きのう何食べた？』、『あしたの家族』、『さよならテレビ』、『アンナチュラル』、『感染爆発～パンデミック・フルー』、『転・コウ・生』、『Living』、『世界は3で出来ている』、『2020年五月の恋』、『太陽の子』、『MIU404』、『妖怪シェアハウス』、『ザ・コミー・ルール　元FBI長官の告白』、『〝イマジン〟は生きている　ジョンとヨーコからのメッセージ』、『NHK紅白歌合戦』、『逃げるは恥だが役に立つ　ガンバレ人類！　新春スペシャル‼』、『Mother』、『宮城発地域ドラマ　ペペロンチーノ』、『俺の家の話』、『流行感冒』、『古畑任三郎』、『大豆田とわ子と三人の元夫』、『ラストメッセージ〝不死身の特攻兵〟佐々木友次伍長』、『二月の勝者―絶対合格の教室―』、『リーガルハイ』、『イチケイのカラス』、『あ・うん』、『おかえりモネ』、『その女、ジルバ』、『ミステリと言う勿《なか》れ』、『ゴシップ#彼女が知りたい本当の〇〇』、『恋せぬふたり』、『沖縄本土復帰50年ドキュメンタリード

ラマ　ふたりのウルトラマン』、『謎の日本人サトシ～世界が熱狂した人探しゲーム～』、『正直不動産』、『ＬＯＶＥ　ＬＯＶＥあいしてる　最終回　吉田拓郎卒業ＳＰ』、『特集ドラマ　アイドル』、『石子と羽男─そんなコトで訴えます？─』、『私のバカせまい史』、『エルピス─希望、あるいは災い─』、『正義の行方～飯塚事件 30年後の迷宮～』、『死刑執行は正しかったのかⅢ～飯塚事件・真犯人の影～』、『鎌倉殿の13人』、『silent』などなど。

こうして見ると壮観だが、もちろん読者の皆様はこれらすべてをご覧になっている必要はなく、一つか二つでも楽しんだ番組や心に残った番組があれば大丈夫。本書をきっかけにドラマの楽しみを広げていただければと思う。

基本的にはその時どきに放送されていた番組について書いているが、ときには向田《むこうだ》邦子の『あ・うん』や大石静の『アフリカの夜』など、過去のドラマにも言及した。取り上げた番組はまったく系統だっておらず、むしろ無節操に番組から番組へと旅をした感がある。一つ確実に言えるのは、なんらかの形で私の心に響いた作品を取り上げたということだ。テレビの危機が叫ばれる中で、批評することよりも、テレビの豊かさを伝えたいという思いに突き動かされた四年間だったと思う。各番組の魅力が読者の皆様に少しでも伝わることを願っている。

目　次

第2章　二〇一九年度下半期——コロナ前夜　39

第3章　二〇二〇年度上半期——パンデミック勃発　59

第4章　二〇二〇年度下半期――巣ごもりの季節　83

第7章　二〇二二年度上半期──時代は動き、ドラマも変わる　157

第8章　二〇二二年度下半期——長いトンネルを抜けた先に　181

終　章　ドラマをめぐる旅　195

第1章

二〇一九年度上半期

——平成の終わり、令和の始まり

第1回　過去、現在、未来のドラマの旅へ――『すいか』

（二〇一九年四月一〇日）

「教授」と聞いて、どんなテレビ番組が思い浮かぶだろうか。『白い巨塔』の財前五郎教授、『クイズダービー』の篠沢秀夫教授、『カノッサの屈辱』の中谷昇教授ら、記憶に残る教授は多いが、私は断然二〇〇三年のドラマ『すいか』で浅丘ルリ子さんが演じた「教授」である。

このコラムのタイトルに肩書を入れるように言われたとき、木皿《きざら》泉脚本によるあの傑作ドラマを思い出した。小林聡美さん演じるヒロイン基子の何気ない日常の尊さが、小泉今日子さん演じる、三億円を横領して逃亡する馬場ちゃんとの対比で細やかに描かれ、食べ残しの梅干しの種にすらじーんときたものだ。基子たちを支える知的で凛《りん》とした「教授」に憧れ、実際に大学教授になってゼミの学生に「教授」と呼んで、と何度もお願いしてきたが、風格のなさゆえかちっとも定着しない。そうだ、自分で名乗ればいいんだ！　とこのたび思い至った次第である。

私は大のテレビ好きだ。かつて故川島なお美氏が「私の体はワインでできているの」という名言を放ち、宮藤官九郎《くどう》氏が『私のワインは体から出て来るの』という名著を出版したが、私の体はテレビでできている、と言っても過言ではない。ちなみに「私の体はテレビから出てくるの」となると映画『リング』の貞子だが、あれはもはや過去の遺物となった厚みのあるブラウン管のテレビだから成立した。ここで告白しておくと、わが家ではいまだにブラウン管のテレビを見ている。「映るのか⁉」と今この瞬間に全国の読者の皆様がツッコミを入れたことだろう。映るんです。この4K時代に。

そんなわけで、このコラムには、テレビ、特にドラマの話を中心に語らせていただきたいと思う。『すいか』最終回で「教授」も旅に出たことだし、過去や現在の、ひょっとしたら未来のドラマの世界も旅しながら、折々のことを語っていきたい。どうぞよろしくお願いします。

〈追記〉

まさに前世紀の遺物であったわが家のブラウン管テレビも、二〇二一年の暮れにお役御免となった。わが家のリビングには大きすぎる六五インチの薄型テレビの画面を見ながら、ミステリアスな「箱」であったブラウン管テレビが時折懐かしくなる。

第2回　『東ラブ』が描いた転換期の男女——『東京ラブストーリー』

（二〇一九年五月八日）

平成が終わった。そんなわけで今日は、昭和のバブリーなトレンディドラマから平成ドラマへの転換を印象づけた、『東京ラブストーリー』（一九九一年）の話をしようと思う。

本作は柴門《さいもん》ふみの原作漫画をドラマ化したもので、放送当時は、率直に気持ちを口にするヒロインの赤名リカ（鈴木保奈美）が新しい女性として注目を浴びた。しかし今見直して思うのは、男性像にも変化の兆しが表れていたということだ。

というのも、リカが恋するカンチこと永尾完治（織田裕二）は、リカと控えめなさとみ（有森也実）の間でとにかく優柔不断に揺れ動くのだ。一概には言えないけれど、昭和の時代にはいわゆる「男らしい」男性像がドラマでも主流だったと思う。七〇年代後半から山田太一や向田邦子といった名脚本家が家族の崩壊と再生を描き、実質的には家父長制は内部崩壊していたとしても、男たちは少なくともタテマエとしては家族や社会の柱たらんとしていた。だから決断力のない、二人の女の間でぐずぐずしている男がドラマの軸になった『東ラブ』は画期的だった。ちなみに「草食男子」なる言葉を深澤真紀氏が発明するのは、一五年後のことだ。では、カンチは平成の男になりえたのだろうか。

最終回、カンチは約束の駅に全速力で走って行くが、リカは一足先に電車に乗っていて、もういない。当時の私にはリカが「身を引いた」ように見えたけれど、そうではなかったと今は思う。数年後、街角でカンチと再会したリカは、一人で颯爽《さっそう》と歩いている。そこには過去の切ない恋愛の影はみじんもない。あの日リカが乗った電車は未来へと向かったのだ。結局、「女らしい」さとみと結婚し、仕事のできる男になって街なかで靴ひもをさとみに結ばせるカンチを、昭和と平成のはざまに残して。

このドラマの脚本を書いたのが、のちに『Mother』や『Woman』を書くことになる坂元裕二だということは注目に値する。これらは夫や父親が不在の、女たちのドラマだからだ。

令和の電車には、はたして誰が乗っているのだろうか。

第3回　今と通じる『アフリカの夜』

（二〇一九年六月五日）

一九九九年にフジテレビで放送された『アフリカの夜』というドラマをご存じだろうか。

先日、私が館長を務める早稲田大学演劇博物館の企画で、「名作シナリオを楽しもう　傑作ドラマ『アフリカの夜』ふたたび！」と題したトークショーを開催した。脚本家の大石静さんに制作陣、俳優の室井滋《しげる》さん、ともさかりえさん、このドラマの大ファンである作家の柚木《ゆずき》麻子さんが登壇するという豪華なイベントで、私も司会として参加させていただいた。

二〇年も前のドラマをいまさら取り上げたのには理由がある。昨年末に柚木さんと対談させていただいた折に、九〇年代は女性の連帯を描いた名作ドラマが多かったという話で盛り上がり、そのときに真っ先に上がったのが『アフリカの夜』だった。

『アフリカの夜』は、アパート『メゾン・アフリカ』を舞台に、人生の岐路に立つ女性たちを描いた群像劇だ。結婚式で新郎が逮捕され、元恋人の礼太郎の存在に揺れながらも塾講師の仕事をつかみ取ろうとするヒロインの八重子、女優として生き残れるかどうかの瀬戸際で礼太郎のこどもを身ごもる有香、ブラザーコンプレックスながら兄の恋人を受け入れる礼太

『アフリカの夜』
(写真提供：フジテレビ)

郎の妹の緑、そして時効まで逃げ切ろうとする殺人犯のみづほ。彼女たちはそれぞれに大きな選択を迫られ、葛藤しながらも友情を選び取っていく。「道は開かれている」というフレーズが何度も反復され、放送当時、私も大いに勇気づけられた。そして珠玉のセリフの数かずは、今なお私たちの心に、驚くほど切実に響く。

一九九四年に『29歳のクリスマス』(フジテレビ)が、一九九八年には『きらきらひかる』(同)が人気を博すなど、九〇年代には生きづらさを抱えながら生きてゆく女たちの連帯を描く名作ドラマが、綺羅星《きら》のごとく登場した。その系譜は、たとえば二〇一八年の『獣になれない私たち』(日本テレビ)に引き継がれていると思う。『アフリカの夜』が今も私たちにとってリアルなのは、女性を取り巻く環境の厳しさや生きづらさが、あの頃から根本的には変わっていないからではないだろうか。

第4回　「待つ」ことは「祈る」こと――番外編『ゴドーを待ちながら』

（二〇一九年七月三日）

今回は演劇の話を中心に。六月に横浜のKAAT（神奈川芸術劇場）で、ベケット作の『ゴドーを待ちながら』が上演された。演出は多田淳之介さん。手前味噌で恐縮だが、二〇一八年刊行の私の新訳による上演だ。なんと今回は昭和・平成バージョンと、令和バージョンの二本立てで、世代の異なる役者さんたちが演じるという面白い試みだった。『ゴドー』は二人のホームレスが救済者ゴドーを待ち続けるだけの劇である。待っている間にどうでもいい会話でふざけ合ったり、ポゾーとラッキーという謎の二人組の相手をしたりして時間を潰すが、ゴドーは現れない。

両バージョンとも素晴らしい上演だったが、紙幅の関係上、ここでは令和編に触れる。令和といっても、時代設定はおそらく東京オリンピック・パラリンピックも大阪・関西万博も終わった後の近未来だ。改元で浮き立つ現在が嘘のように、世界は荒廃している。若い二人がゴドーを待ちながら遊び倒すさまを見ているうちに、救済を待とうにも何を待てばいいのかわからない若者たちの絶望感が伝わり、暗然とした。

しかし『ゴドー』は決して絶望の劇ではない。なぜなら一幕よりも状況が悪化しているように見える二幕で、どん底の二人は、視力を失ったポゾーと声を失ったラッキーを救うのだ。何を待てばいいのかわからなくても、他者への想像力がかすかな希望につながることを、令和編は切実に感じさせてくれた。

日本ではあまり知られていないが、ベケットはテレビドラマも書いていて、「待つ」ことがモチーフになっているものも多い。『…雲のように…』では、一人の男が毎夜「現れてくれ」と祈ると、千夜に一回か二回、女の顔が亡霊のように浮かび上がる。確率は低いが、ゴドーと違って待ち人は現れるのだ。女の唇の動きに合わせて、男はイエイツの詩『塔』を口にする。死者に語りかける美しい詩である。ベケットにとって待つことは祈りなのだと思う。かつて演劇は祈りだった。ベケットはそれを、演劇を経てテレビに引き継いだのではないだろうか。

第5回　スポーツも「娯楽の王様」
――『いだてん～東京オリムピック噺～』

（二〇一九年七月三一日）

「やっぱりスポーツは娯楽の王様だ！」役所広司演じる嘉納治五郎《かのうじごろう》は、復興運動会で高らかにこう宣言する。大河ドラマ『いだてん～東京オリムピック噺《ばなし》～』第一部最終話「種まく人」の話だ。六月二三日の放送で、関東大震災でうちひしがれた人びとを元気づけるべく、第一部の主人公で、日本人として初めてオリンピックに参加したマラソン選手の金栗四三《かなくりしそう》（中村勘九郎）は、復興運動会を思いつく。四三らとともに、後にオリンピックで日本の女子選手初のメダルを獲得することになる人見絹枝も走り、過去から未来へとバトンが渡される感動的な締めくくりだった。

……のだけれど、いやちょっと待った。脚本を担当する宮藤官九郎は、ＴＢＳ系ドラマ『マンハッタンラブストーリー』（二〇〇三年）で、森下愛子演じる脚本家の千倉先生に「テレビは娯楽の王様よ！」と宣言させていたじゃないか。これはどういうことだ。娯楽の王様の座に君臨するのはスポーツなのかテレビなのか、はっきりしてくれないと夜も眠れないよ。

という冗談はさておき、ここではむしろ、嘉納にスポーツを「娯楽」と言わせていることに注目したい。嘉納は講道館柔道の創始者で、オリンピックを日本に根づかせた立役者である。その嘉納が、スポーツは「娯楽の王様」だと言い放つ。これはすごいことだ。重要なのは、これが関東大震災直後の復興運動会で宣言されたことだ。

私たちは、東日本大震災の直後に、あらゆる娯楽が「自粛」されたのを知っている。テレビからはACジャパンのCMばかり流れ、バラエティもドラマも多くの番組がストップした。演劇やスポーツの大会もそうだ。しかし失意の人びとを笑顔にできるのは娯楽ではないのか。『いだてん』が発したのは、そのメッセージにほかならない。だから復興運動会のスポーツも、避難所で披露される落語家の美濃部孝蔵（森山未來）の噺も、楽団が奏でる「復興節」も、すべて人びとに笑顔を取り戻させる娯楽なのだ。その意味で、テレビもスポーツもどちらも娯楽の王様である。実際、その二つを組み合わせた『いだてん』は、毎週私を笑顔にしてくれている。

第6回　「庶民の戦争」伝えるドラマを
――『マンゴーの樹の下で～ルソン島、戦火の約束～』

（二〇一九年八月二八日）

終戦記念ドラマが減った。かつて八月といえば終戦記念ドラマが目白押しで、夏の風物詩のような趣すらあった。なのに二〇一〇年代に入ってからめっきり減り、とうとう今年はNHKの『マンゴーの樹の下で～ルソン島、戦火の約束～』が八月八日と二一日に放送されたのが目に留まったぐらいで、寂しい状況となってしまった。

このドラマは、第二次世界大戦のさなか、フィリピンのルソン島で敗走する日本軍とともに数千人もの民間の日本人が飢餓状態で山中をさまよい、女性を含む多数が命を落としたという事実を、生き残ったヒロイン凜子（岸恵子／戦中は清原果耶）が住まう平成元年の日本と対比させながら、克明に描き出した。ドキュメンタリー編『マンゴーの樹の下で～こうして私は地獄を生きた～』とセットで制作されたこともあって、綿密な取材に基づいた秀作である。

終戦ドラマが激減する一方で、近年、新たに発見された歴史的資料に基づく優れたドキュメンタリーが増えている。今年八月一五日に放送されたNHKスペシャル『全貌　二・二六事件～最高機密文書で迫る～』も、昭和天皇・陸軍・海軍の関係を軸に決起部隊鎮圧までのプロセスを緊密に描写して見応えがあった。証言者の高齢化が気にかかるものの、こうしたドキュメンタリーは私たちに歴史の陰に埋もれた貴重な事実を教えてくれる。

けれど、戦争に巻き込まれた庶民の心に寄り添えるのは、やはりドラマではないだろうか。たとえば、NHK連続テレビ小説『カーネーション』（二〇一一～一二年）で、近しい者たちの死を知って茫然自失となったヒロインの糸子（尾野真千子）が、だんじりの山車の前で突然堰《せき》を切ったように号泣したシーンや、髪結いの安岡のおばちゃん（濱田マリ）が、死に際に、戦死した息子・勘助の加害者性に気づいたシーンは、ドラマならではのやり方で、戦争の虚無を可視化した。

これからも毎年八月には、終戦ドラマを見て当時の人びとの心に思いを馳《は》せたいと、切に願うばかりである。

第7回　周囲の支えが時代を作る――『なつぞら』

（二〇一九年九月二五日）

NHK連続テレビ小説（通称・朝ドラ）一〇〇作目の『なつぞら』が大詰めである。内容については賛否両論あったが、私は一〇〇作目にふさわしい内容だったと思う。

多くの朝ドラは、なんらかの職業に就くことを目指し、「なりたいもの」や「やりたいこと」に向かって邁進《まいしん》するヒロイン（ときには男性主人公）を描いてきた。けれども朝ドラヒロインは同時に良妻賢母であることを求められる存在でもあったため、矛盾が生じがちだった。女性が結婚や出産後に仕事を続けることは困難を伴う。そのため結婚や出産を機に、情熱を持って目指していたはずの目標を諦めたり、仕事を辞めたりするヒロインも少なくなかった。

『なつぞら』は、戦災孤児のヒロイン奥原なつ（広瀬すず）が念願のアニメーターになり、結婚や出産を経験しながらいかに仕事を続けるかを、きっちり描こうとした。出産したのが昭和四三（一九六八）年だから世間の理解を得るのは並大抵のことではなく、相談に行った福祉事務所で、こどもを「犠牲」にしてまで働くのかと言われたりもする。

しかし、なつは周囲の人びとに助けられて、子育てと仕事を両立させる。特にアニメーション業界への復帰を遅らせて育児に専念した夫の一久（中川大志）と元同僚の茜ちゃん（渡辺麻友）の存在が大きかった。「育児休業、介護休業等育児又は家族介護を行う労働者の福祉に関する法律」（通称・育児・介護休業法）の施行が平成四（一九九二）年で、現在でも男性の取得率は低い。昭和四〇年代前半の一久の育児は、時代の先端をいっていたと言えるだろう。また、茜ちゃんは出産のために非正規雇用化を強いられて専業主婦となる道を選んだという経緯がある。その茜ちゃんが、同じ立場のなつを支援し、こどもを預かることを申し出るくだりには感動した。そこにはつまらない妬《ねた》みや自己犠牲の感情はない。仕事を続けようとするとわがままとか迷惑とか言われてきた社会のなかで、なつの頑張りを支える、こうした人たちの存在が時代を作ってきたのだと改めて思う。

幕間エッセイ

女性たちのゆるやかな連帯を描いてきたドラマ

女は女同士で足を引っ張り合うという迷信、あるいは都市伝説を、数かずのドラマは丁寧に覆してきたと思う。もちろん世の中には足を引っ張り合う男たちも女たちもいるし、そうした不毛な闘いを描いたドラマが存在するのも事実だ。けれども女性同士の友情や連帯を描いたドラマは心に残る名作が多く、女性視聴者はそうしたドラマに励まされてきた。それはとりもなおさず、男性中心の社会のなかで多くの女性たちが生きづらさや窮屈な思いを抱えながら生きてきたことの証左だろう。一九七二年に「勤労婦人福祉法」が、一九八六年に「雇用の分野における男女の均等な機会及び待遇の確保等女子労働者の福祉の増進に関する法律」（いわゆる「男女雇用機会均等法」）が施行され、女性が働く環境は改善されてきたとはいえ、生きづらさが解消されたとは言いがたい。子育てに関しても、ワンオペ育児による過重負担やシングルマザーの貧困問題などさまざまな問題が渦巻いている。

そんな社会の中で女性たちが互いに心を通わせ、ゆるやかに連帯していくドラマは、私を含め、多くの女性たちの心の拠り所となってきた。「ゆるやか」と書いたのは、こうしたドラマの女性たちは声高に連帯を叫ぶわけでもなく、徒党を組むわけでもなく、日常のなかで互いを認め合い、絆《きずな》を深めていくからだ。このコラムで取り上げた『すいか』、『アフリカの夜』は間違いなくその系譜に属するし、『なつぞら』はそこに男性が参入する点で新しかった。ここでは、女性のゆるやかな連帯を描いたドラマを振り返っておきたい。

九〇年代のドラマ――『アフリカの夜』、『29歳のクリスマス』、『きらきらひかる』

第3回のコラムで一九九九年の『アフリカの夜』を取り上げた。二〇一八年に『ａｎ・ａｎ』誌上で作家の柚木麻子さんと対談させていただいた折に、九〇年代はフジテレビを中心に女性の連帯を描いた名作ドラマが多かったという柚木さんのご指摘に膝を打った。そのときに二人で話題にして盛り上がったのが『アフリカの夜』だった。この盛り上がりでスイッチが入り、翌一九年に早稲田大学演劇博物館主催でトークショーを企画・開催した。脚本家の大石静さん、プロデューサーの山口雅俊さん、演出の宮本理江子さん、俳優の室井滋さん、ともさかりえさん、そして柚木さんと私という、私から見れば夢のような顔ぶれだった。ＤＶＤはおろかＶＨＳにもなっていない二〇年も前の作品なのに、会場の早稲田大学小野記念講堂はあっという間に満員御礼となった。

本作は古いアパート「メゾン・アフリカ」を舞台とする群像劇だが、終盤で、総菜屋の女将《おかみ》のみづほ（室井滋）が実は逃亡中の殺人犯ではないかという疑惑が浮上する。圧巻は、疑惑に気づいたヒロインの杉立八重子（鈴木京香）にみづほが詰め寄るシーンだ。脅しをかけたり泣き落としをしたり、挙句の果てにすべては嘘だったとあっけらかんとしてみせるという、態度がコロコロ変わるみづほを演じる室井の演技は凄まじく、間違いなくテレビ史に残るものだった。真面目な八重子は自首を勧めるが、みづほは逃亡し、メゾン・アフリカの面々はみづほを守ろうとする。しかし時効成立の直前、海に転落した同じアパートのメンバーの有香（松雪泰子）を助けたために、みづほは逮捕される。

最終的にみづほに「逃げて」と言う八重子の言葉にもぐっときたが、宮本理江子（当時は石坂理江子）による逮捕シーンの演出も秀逸だった。みづほは、殺人を犯して整形手術を繰り返しながら時効直前まで逃亡した福田和子をモデルにしているが、みづほの夫殺しの背景には夫の家庭内暴力があった。殺人は許されざる犯罪である。しかし男性ばかりの警察官に囲まれ、必死に抗《あらが》いながらも取り押さえられてしまう女たちの姿がスローモーションの映像と音楽のみで描かれ、不思議な感動を喚び起こした。

女性たちは無力だが、決して組み伏せられるだけの存在ではなく、連帯することで大きな力に立ち向かうことができるのだと、このドラマは教えてくれたのだと思う。何度も繰り返されるセリフのとおり「道は開かれている」のだと。

九〇年代には『アフリカの夜』だけでなく、女性のゆるやかな連帯を描いた名作ドラマが次々と生み出された。一九九四年には鎌田敏夫作『29歳のクリスマス』が放送された。昭和の青年たちの群像劇『俺たちの旅』（一九七五年）、世の中に「不倫」という言葉を流行させた『金曜日の妻たちへ』（一九八三年）、恋愛ドラマブームの先鞭をつけた『男女7人夏物語』（一九八六年）など、機敏に時代を読みながら次々とヒットドラマを生み出してきた鎌田が、平成にこのドラマを書いたことは興味深い。

『29歳のクリスマス』は、ヒロインの矢吹典子（山口智子）が二九歳の誕生日に円形脱毛症になり、華やかなアパレル会社からパブに出向になり、恋人にもふられてどん底に突き落とされるところから始まる。やがて友人でカメラマンの今井彩（松下由樹）、商社に勤める新谷賢（柳葉敏郎）と同居しながら友情を育んでゆく。典子は木佐製作所の御曹司・木佐裕之（仲村トオル）と恋に落ち、彩も賢もそれぞれに恋愛に悩むが、賢と一回限りの関係をもった彩は妊娠する。賢はそのことを知らずに恋人の香奈（水野真紀）と仙台に向かい、彩は一人で生み育てる決意をする。最終回、典子は彩に「産みな。もし父親が必要になったら、しょうがない、そんときはあたしがおとっつぁんになってやるか」、「お金なくなったら、残業でもがんがんやって稼いでやるか」、「彩、強くなりな。強くなろう」と語りかける。典子の言葉は、女たちだけで強く生きていくという宣言に聞こえた。このドラマは、どんな状況に陥っても自分の人生を好きになろうという強い意志を獲得していく物語であり、最終的に女性同士の友情が彼女たちを支えていくのだ。

ちなみに『アフリカの夜』でも、有香は八重子の元恋人で八重子とよりを戻した礼太郎（佐藤浩市）の子を妊娠するが、礼太郎は理不尽な死を迎え、有香のこどもは八重子らが力を合わせて育てていくことが示唆される。彩も有香も、単にシングルマザーになるわけではなく、女性たちのコミュニティに守られていくのである。

『29歳のクリスマス』はマライア・キャリーが軽快に歌う「恋人たちのクリスマス」（All I Want for Christmas Is You）もドラマに彩《いろどり》を与えていたが、無声映画のようにたびたび現れる文字だけの画面が斬新だった。

『アフリカの夜』の前年、一九九八年には井上由美子脚本の『きらきらひかる』が放送された。本作は郷田マモラの漫画を原作とするが、原作とはかなり異なるテイストのドラマとなっている。ヒロインの天野ひかる（深津絵里）は遺体を解剖する監察医で、国立第一医科大学法医学教室助教授の杉裕里子（鈴木京香）や先輩の黒川栄子（小林聡美）、警視庁刑事部捜査一課警部補の月山紀子（松雪泰子）らと、遺体の声なき声に耳を傾ける。特徴的なのは、彼女たちがレストランで繰り広げる他愛のない雑談である。ハードな仕事をこなす彼女たちは、この雑談で生き生きと笑い、語り、活力を得ていくのだ。一時期テレビから遠ざかりゲーム業界に身を置いていた脚本家の坂元裕二が、本作を見て「こんなに面白いテレビドラマもあるのか」と思い、脚本執筆を再開したという逸話はよく知られている。（「テレビからこぼれているものを書きたい――人気脚本家・坂元裕二が語る連ドラの役割」 https://news.yahoo.co.jp/feature/1093/ 二〇一八年九月二三日掲載）

『想い出づくり。』から『日曜の夜ぐらいは…』へ

こうした女性たちの連帯のドラマを考えるとき、私にとって原点となるのは山田太一脚本による『想い出づくり。』（TBS、一九八一年）だ。池谷香織（田中裕子）、吉川久美子（古手川祐子）、佐伯のぶ子（森昌子）の三人が、根本典夫（柴田恭兵）の詐欺アンケートの勧誘がきっかけで友だちになるのだが、羽振《はぶ》りが良く家父長的な権威を振りかざす中野二郎（加藤健一）との見合い結婚を強いられるのぶ子を守るために、結婚式当日に三人で控室に立てこもるシーンは圧巻だった。結婚式は中止となり、警察を呼ぶ大騒動となるのだが、控室から電話を使って日頃の不満や思いのたけをぶちまける彼

女たちの切実さがひしひしと伝わってきた。ついでに言えば、補償など事後処理で集まった父親たちが責任を押しつけ合って乱闘を繰り広げるシーンは、女性たちの切実な立てこもりとの対比が痛烈な皮肉となっていたと思う。

山田太一の脚本は、時として暴力的とも言える行動や出来事がドラマを駆動するが、傑作『岸辺のアルバム』（TBS、一九七七年）で決定的に崩壊した家族が、洪水で家が流され唯一残った屋根の上で再生してゆくエンディングが示すように、ほとんどの場合、再生の兆しや希望を見せて終わる。『想い出づくり。』は最終的に三人とも納得のいく結婚をして終わるところが八〇年代初頭という時代を感じさせるものの（と言っても、このエンディングは山田太一流の遊びで、山田が「結婚こそ女の幸せ」だと考えていたわけではないだろう）、今よりもずっと女性たちが声を上げることが困難だった時代に、このドラマはゲリラ的な手法によってごく普通の女性たちの生々しい声を可視化し、親や誰かの言いなりにならずに人生を自らの手で選び取っていく姿を描いた点で、確実に時代を切り拓いたと思う。

『想い出づくり。』から一八年後の一九九九年に、山田太一を敬愛する脚本家の岡田惠《よし》和《かず》は、『彼女たちの時代』（フジ）で、やはり女性三人の友情と恋を描いた。それぞれに大手企業に就職しながら自己実現できず、物足りない日々を過ごす三人を演じた深津絵里、水野美紀、中山忍のリアルで自然な演技が、女性視聴者たちの共感を呼んだ。本作では女性たちのみならず、椎名桔平演じるエリートサラリーマンのリストラも描かれ、社会の理不尽さを浮き彫りにした。

岡田が、それからさらに二四年後の二〇二三年に、同じく女性三人の友情を描いた『日曜の夜ぐらいは…』を書いたことは記憶に新しい。第一回のサブタイトルが「やりきれない毎日を必死に生きる女性3人の友情物語」となっていることからも、本作が『想い出づくり。』、『彼女たちの時代』の流れを汲んでいることがわかる。

このドラマでは、車椅子生活の母・邦子（和久井映見）を介護しつつファミレスで働くヤングケアラーの岸田サチ（清野菜名）、実家と折り合いが悪くタクシー運転手として働く野田翔子（岸井ゆきの）、祖母・富士子（宮本信子）とちくわぶ工場で働きながら毒親のまどか（矢田亜希子）にお金をむしり取られる樋口若葉（生見愛瑠《ぬくみめる》）がラジオ番組のバスツアーがきっかけで友情を育み、三千万円の宝くじが当たったことから邦子や富士子も巻き込んで共同でカフェを開店するまでが、岡田らしいリアルなセリフの数かずをちりばめながら丁寧に描かれる。辛い人生を送ってきた彼女たちのカフェがうまくいきますようにと毎回祈るような気持ちで見つつも、こういった夢には必ず横槍が入るという従来のドラマに慣らされてきた身としては気が気ではなく、いつ毒親たちがお金をかっさらっていくのだろうとか、三人から絶大な信頼を得て通帳の管理を任される市川みね（岡山天音《あまね》）は裏切らないのだろうかとか、いらぬ心配をしてしまった。

結局、毒親は駆逐され、みねは最後までいい人だった。無事カフェが開店できて本当によかったと私も日曜の夜にほっと胸をなでおろした。世知辛い世の中で、友情を信じ続け互いを思いやることは尊い。しかし同時に、宝くじが当たるというファンタジーがなければ彼女たちが救われる道はないという現実を突きつけられた気もした。

『想い出づくり。』では声を持たなかった女性たちが声を上げ、それは痛いほどのリアリティを持っていたが、『日曜の夜ぐらいは…』が放送された二〇二三年には格差が広がり、状況は改善されるどころか一層厳しくなっている。それだけに、最終回で彼女たちが夢想する毒親のいない温かく穏やかな世界が切実に心に響いた。

ちなみに、民放onlineに掲載された、二〇二三年一一月に逝去した山田太一への岡田の追悼文には泣かされた。（「山田太一さんと、テレビドラマと、私と母と」https://minpo.online/article/post-380.html　二〇二三年一二月二七日掲載）

同じく二〇二三年に放送されたバカリズム作『ブラッシュアップライフ』（日本テレビ）では、徳を積んで来世で人間に生まれ変わるために何度も人生をやり直す三十代独身のヒロイン・近藤麻美（安藤サクラ）と宇野真里（水川あさみ）が、二人でパイロッ

『ブラッシュアップライフ』
（写真提供：日本テレビ）

トとなり力を合わせて地元の親友・門倉夏希（夏帆）と米川美穂（木南晴夏）を含む多数の命を飛行機事故から救ったりもするものの、最終的には彼女たち四人で地元で過ごす平凡な日常を選び取っていくドラマだった。四人が同じ老人ホームで宙に浮く新型車椅子に乗って他愛もないおしゃべりをする幕切れは幸福感に満ち、松坂桃李演じる麻美の彼氏は脇役のまま姿を消した。ここでは生きることの困難はさほど描かれないものの、女同士の友情があればどんな困難も乗り越えていけることが示唆された。

第7回のコラムに書いたとおり、『なつぞら』ではヒロインのなつは夫の一久や同僚の茜ちゃんの協力を得て仕事と子育てを両立していく。そんななつに対して、SNS上で「わがまま」とか、「育児のために仕事を辞めた茜ちゃんの気持ちを考えろ」とか、バッシングも起こったと記憶している。しかし昭和の時代にそうやって切り拓いた人たちがいて周囲の理解があったからこそ、少しずつ状況は改善されてきた。ここでは女性たちのゆるやかな連帯を描いたドラマに言及してきたが、男性もそこに連なることは可能なのだということを『なつぞら』は描いたのだと思う。

　坂元裕二らがたびたび描くシングルマザー問題など、女性たちが抱える困難にドラマはこれからも真摯《しんし》に寄り添ってゆくだろうし、男女二元論を超えてゆくドラマにも期待したい。

第2章

二〇一九年度下半期

——コロナ前夜

第8回　特殊詐欺の深い根と闇を描く──『スカム』『サギデカ』

（二〇一九年一〇月二三日）

七月期のドラマを振り返ると、同じテーマを扱った二本のドラマが目につく。いわゆる「振り込め詐欺」などの特殊詐欺を題材とした『スカム』（MBS、TBSなど）と『サギデカ』（NHK）である。特殊詐欺は、三月に放送されたNHKスペシャル『詐欺の子』でも取り上げられたテーマだ。「人間のクズ」という意味を持つ言葉をタイトルとした『スカム』は詐欺をする側の視点から、『サギデカ』はタイトルどおり詐欺を摘発する警察の視点から描いている。視点は逆だが、どちらも単純な勧善懲悪の物語ではなく、若者たちがいかに富裕層の老人を憎んで犯罪に駆り立てられていくかを描き、格差と不平等が蔓延する社会構造に切り込んでいて見応えがあった。

『スカム』で切なかったのは、リーマンショックの煽《あお》りを受けた大手企業の「新卒切り」に遭った主人公、誠実（杉野遥亮）が自らの才覚で詐欺グループの「店長」にのし上がってゆくさまが、表の社会ではかなわなかった自己実現に見えたことだ。しかし砂上の楼閣のような自己実現はやがて破綻し、誠実は逮捕される。そのとき誠実は、老人から奪ったのはお金だけではなく、尊厳でもあったという事実を刑事から突きつけられる。

　老人の尊厳が踏みにじられる状況をより細やかに描いたのが『サギデカ』だ。このドラマでは、特殊詐欺の被害者となった三島（泉ピン子）が、騙された自分を責めて自殺しようとする。ここでは、「騙される方も悪い」として被害者であるはずの老人を追い詰める別の圧力が見えてくる。

　加害者の側に他者への想像力が欠如しているのは間違いない。加担する若者たちに詐欺を正当化する一方的な価値観を植えつける、詐欺グループの訓練も存在する。けれどもこれを個人の心の弱さだけに帰することはできない。詐欺グループの末端に取り込まれる若者もまた社会的弱者である可能性に、『サギデカ』の主人公の警部補・今宮夏蓮（木村文乃）は気づく。特殊詐欺を取り巻く問題の根は深く、その分、闇も深い。

第9回　テレビ愛　地方から高らかに――『チャンネルはそのまま！』

（二〇一九年一一月二〇日）

二〇一九年民間放送連盟賞グランプリと準グランプリが一一月六日に発表された。テレビ部門のグランプリは、北海道テレビ放送『HTB開局50周年ドラマ　チャンネルはそのまま！』、準グランプリは福井テレビジョン放送『聖職のゆくえ～働き方改革元年～』がそれぞれ受賞した。

私もさまざまな放送関係の賞の審査に関わってきたが、視聴率とは関係なく良質な番組を正当に評価して歴史に刻み、作り手たちに敬意を表することが、賞の意義だと思っている。とりわけこの民間放送連盟賞は、ローカル局の番組に光が当たるのがよいところだ。グランプリ、準グランプリに輝いた二作も、地方に根ざした番組である。

グランプリを受賞した『チャンネルはそのまま！』は、芳根京子演じるヒロインの雪丸花子が、北海道のテレビ局に「バカ枠」で採用され、新人記者として周囲を巻き込みながら奮闘するドラマだ。突拍子もない花子の行動を通して、テレビ報道のあり方を考えさせる仕掛けも秀逸だが、何よりテレビ愛に溢れているところがいい。

生放送のスタジオでバイオリニストが演奏する「街の灯」というオリジナル曲に、花子とスタッフが勝手に歌詞をつけて歌うシーンがある。その歌詞はこんな感じだ。「あの窓の向こうにはテレビを見てる人がいる／それは他局かもしれない／ＮＨＫかも／でもあの窓の向こうにはテレビを見てる人がいる／テレビは楽しいな／たとえ視聴率がとれなくても／テレビは毎日放送される／テレビはタダで放送される／テレビはいつだって放送される／大人も子供もテレビを見てる／だから負けるな」

ネット時代に臆面もなくテレビ愛を歌い上げるなんて、と少々気恥ずかしくなってしまう。東京のキー局なら、こんなベタなシーンを入れたりするだろうか。でも、やっぱりこの歌にはぐっとくるのだ。テレビが視聴者ひとりひとりに寄り添うメディアであることを、このドラマの作り手たちは信じているのだと思う。「だから負けるな」私も気づいたら歌っていた。

第10回　愛と平和が今年のテーマ ――『トクサツガガガ』、『だから私は推しました』、『腐女子、うっかりゲイに告る。』、『きのう何食べた？』、『いだてん～東京オリムピック噺～』

（二〇一九年一二月一八日）

年内最後の担当回なので、二〇一九年のドラマについて感じたことを書いておきたい。

まず、今年際立ったのは、〝オタク女子〟を取り上げたドラマが多かったことだ。一月期に特撮ヒーローものにはまるオタクOLを描いた『トクサツガガガ』が、七月期には地下アイドルに熱狂してゆくOLを描いた『だから私は推しました』が放送された。いずれもNHKで、質の高いドラマだった。両作のヒロインの女性たちは、特撮ヒーローや地下アイドルに熱中することが周囲から理解されにくいために隠したりもするが、最終的にそのことが肯定され、むしろフィクションやアイドルの存在によって力を得ていく。こうした〝推し〟への愛は社会の役に立たないもののように見えるが、実は今の世の中に欠けている想像力を豊かにする。これらのドラマを通じて、自分の中の〝推し〟への愛を肯定できた人も多かったのではないだろうか。

四月期には、「腐女子」と呼ばれるＢＬ（ボーイズラブ）漫画を愛する女子高校生とゲイの同級生の出会いを描いた『腐女子、うっかりゲイに告《コク》る。』（ＮＨＫ）も放送された。これも、「普通」ではないことに悩む高校生たちの心情に寄り添ったいいドラマだった。同じくゲイを取り上げたドラマでは、『きのう何食べた？』（テレビ東京）も心情描写が丁寧で、多様な恋愛のあり方が細やかに描かれていた。

そして、今年のドラマの総括で触れておきたいのは、なんといっても『いだてん～東京オリムピック噺～』である。視聴率が低いとさんざんたたかれたが、私は東京オリンピック・パラリンピック競技会の前年にこのドラマを見られたことを幸せに思う。フランス語で「平和」を意味する「ペ」（paix）が初回からドラマの通奏低音となり、オリンピックが平和の祭典であることを願いながら歴史の表舞台から消えていった人びとにスポットを当てた、感動的なドラマだった。二〇二〇年、テレビはオリンピック・パラリンピックをどう映すのだろうか。そこに平和への祈りがあることを願うばかりである。

第11回　過去の失敗、受け入れ前へ――『あしたの家族』

（二〇二〇年一月二二日）

結婚式当日に新郎がいなくなる。現実にはめったに起こらないことだが、ドラマでは意外とよく起こる。たとえば、恋愛ドラマの金字塔『ロングバケーション』（フジテレビ、一九九六年）や、近いところでは『忘却のサチコ』（テレビ東京、二〇一八年）が思い浮かぶ。そしてこうしたドラマで傷ついたヒロインの心を癒すのは、転がり込んだ先の住人だったり、美食だったりして、なぜか家族ではなかった。

今年も新春から、結婚式当日に新郎に逃げられたヒロインがいた。一月五日放送の『あしたの家族』（ＴＢＳ）だ。ホームドラマの代名詞とも言える石井ふく子プロデューサーの新作だけあって、家族の物語である。

このドラマでは、新郎に逃げられた女性が、新婚夫妻のために建てた二世帯住宅に両親と同居しながら新しい恋をして結婚し、因縁の二世帯住宅に住むことを決意するまでが描かれる。

ほっこりするドラマだが、違和感を抱いた人もいたようだ。たとえば、新しい結婚相手と、嫌な思い出のある二世帯住宅になぜあえて住もうとするのか。結婚式場で過去に苦い経験をしながら、なぜまた盛大な結婚式を挙げようとするのか。

しかし日頃ドラマ批評をやっている経験からすれば、違和感を抱く箇所こそ重要である。なぜなら違和感とは、「普通こうだよね」という私たちの一般的な常識や価値観が揺さぶられたときに感じるもので、そこには大事なメッセージが隠されていることが多いからだ。

『あしたの家族』の場合、それはおそらく、過去の失敗を「なかったこと」にしないというメッセージなのだと思う。失敗や心の傷を忘れるのではなく、受け入れ、家族とともに乗り越えて前に進む。だからヒロインの理紗（宮﨑あおい）は結婚相手の幸太郎（永山瑛太）にすべてを打ち明けるのだし、理紗の最後の笑顔はあんなにも晴れやかなのだ。

なかったことにしたいことは私にも山ほどある。だけど本来それは不可能だ。だったら潔く失敗を受け入れて、次に進みたいものだ。

第12回　身内を映し出す勇気――『さよならテレビ』

（二〇二〇年二月一九日）

一月に東海テレビ制作の『さよならテレビ』劇場版を見た。もともとテレビドキュメンタリーとして放送したところ、放送業界を中心に大反響を呼び、劇場版が新たに編集されたという。

東海テレビはこれまでも『ヤクザと憲法』や『人生フルーツ』など優れたドキュメンタリーを制作してきたが、このドキュメンタリーがすごいのは、局内の報道部、つまり自分たち自身にカメラを向けたことだ。番組内で、報道の使命として「1．事件・事故・政治・災害を知らせる」「2．困っている人（弱者）を助ける」「3．権力を監視する」という文言がことさらに映し出されるのは、現在この使命が危機に瀕《ひん》しているからだろうし、そこにこの番組を制作するに至った動機もあるのだと思う。劇場版では、こうした報道の危機だけでなく、正規社員と契約社員との待遇格差など、局内の問題も次々と浮き彫りになる。

「さよならテレビ」というなんとも挑発的なタイトルを見れば、制作者たちが批判と反発を覚悟して作った番組であることがわかる。案の定、この番組に対しては、業界内部から賛否両論が噴出したという。私自身も、正直、違和感をもった部分もあるが、まずはこの勇気に敬意を表したい。

中でも感心したのは、いわゆる「セシウムさん騒動」のその後をちゃんと取り上げたことだ。「セシウムさん騒動」とは、福島第一原発事故後の二〇一一年八月に放送された東海テレビの情報番組で、「怪しいお米　セシウムさん」などというテロップが誤表示され、放送の倫理が問われた一連の騒動を指す。『さよならテレビ』は、この過ちがいまだに局内に深い影を落としていることを容赦なく映し出す。たとえば、この番組を担当していたために、怖くて自分の意見を挟めなくなったキャスターの姿を執拗に追いかける。こうした画面から、この事件をなかったことにしないという作り手側の強い決意と誠意が伝わってきた。

いささか露悪的な部分もあるけれど、こうした自己検証の作業がテレビをよくしていくと私は信じている。

第13回　社会に広がるもう一つの「毒」――『アンナチュラル』

（二〇二〇年三月一八日）

コロナウイルスの感染拡大により、日本の社会、経済、文化が危機にさらされている。ここで思い出されるのが、二〇一八年に放送されたドラマ『アンナチュラル』（TBS）第一話「名前のない毒」だ。

本作は、架空の機関「不自然死究明研究所（UDIラボ）」の面々が、毎回不条理な死を遂げた遺体を解剖することで死因を究明するプロセスと、遺された者たちがその後の人生にいかに向き合うかを描いた。この年のテレビ関係の賞を総ナメにした傑作ドラマである。

第一話では、出張先のサウジアラビアから帰国して間もない会社員が突然死し、解剖の結果、MERSコロナウイルスへの感染が確認される。インターネットやメディアでは、ウイルスを持ち込んだ会社員に対する大バッシングが起こる。最終的にはヒロインのミコト（石原さとみ）らUDIの活躍で、会社員が感染源ではなかったことが判明する。脚本の野木亜紀子氏は徹底的な取材で知られ、本作でも呼吸器疾患を持病とする女性が感染するなど、現在のコロナウイルスに似た特徴がよく描かれている。

しかし物語の展開の上手さだけではなく、こうした事態でのもう一つの怖さが浮き彫りになる点に本作のすごさがある。

第一話タイトルの「名前のない毒」とは、検出不能な未知の毒物を指す。調査によって死因は毒物ではなくMERSコロナウイルスであることが特定されるが、「名前のない毒」はこれで消えたわけではない。私も学生から指摘されて気づいたのだが、「名前のない毒」には、別の意味も込められているのではないだろうか。ソーシャル・ネットワーキング・サービス（SNS）などインターネットへの匿名の書き込みによる誹謗《ひぼう》中傷も、まさに感染した人びとや家族を追い詰める「名前のない毒」だ。ミコトは遺族のために、死んだ会社員の名誉回復を訴える。

匿名の誰かがSNSに無責任な情報を書き込み、それが拡散されてゆくさまは、まさにもう一つの「感染」であることを、このドラマは教えてくれる。

幕間エッセイ

テレビ＝オワコン論は本当か

第9回「テレビ愛　地方から高らかに――『チャンネルはそのまま！』」と第12回「身内を映し出す勇気――『さよならテレビ』」は、地方局制作による、テレビ局を舞台とした番組である。前者は放送局に「バカ枠」で採用された新人スタッフの失敗や奮闘を通じてテレビ愛をうたい上げるドラマだったのに対して、後者は放送局の内幕に迫るドキュメンタリーで、内容的にはまったく異なる。しかしどちらも「テレビ」というメディアに対する危機感の表明なのではないだろうか。テレビ＝オワコン論もささやかれる現在、テレビの意義を改めて考えてみたい。

1. テレビは民主的なメディアである。

予め言っておくと、配信ドラマを否定するつもりはまったくない。近年、さまざまな名作配信ドラマが生み出されていることは事実で、例を挙げればキリがないほどだ。近年に限っても、宮藤官九郎の『季節のない街』（Disney+）や宮藤と大石静が組んだ『離婚しようよ』（Netflix）、話題となった『First Love 初恋』や『サン

クチュアリ　聖域』、是枝裕和の『舞妓さんちのまかないさん』（いずれもNetflix）など、あまりに面白くて一気見してしまったドラマは数多い。テレビよりも潤沢な予算でのびのびと制作できる環境は脚本家や作り手たちにとっても魅力的だろう。視聴者にとっても、選択肢が増えるのは喜ばしいことに違いない。

しかしその一方で、インターネット配信は格差社会の象徴であると私は思っている。NHKやWOWOWのように受信料や定額料金を支払うものは別として、テレビ受像機かスマートフォンがあれば、テレビ番組は誰でも見ることができる。その意味で、テレビは万人に対して平等に開かれた民主的なメディアである。テレビ受像機が高価だった時代はいざ知らず、現在ではスペックにこだわらなければテレビ受像機は一万円台でも購入できる。ネットオークションなら数千円でも可能だ。

それに対して配信は、経済力がものを言う。一つ一つは高額でなくとも、サブスクリプションの料金を継続的に支払える者だけがコンテンツを享受できるからだ。サブスクなら「誰でも」見たい時に見られると考えるのは、その意味で早計である。制作者たちは面白いコンテンツを用意して契約者を増やさなければならないが、視聴者にとっては同時に複数の料金を支払うのは負担が大きいため、見たいコンテンツを求めて配信プラットフォームの契約と解約を繰り返して渡り歩く人もいるはずだ。配信ドラマは見たくても見られない人がいる。格差社会の象徴であると考えるゆえんである。

その点、ＴＶｅｒは偉大だ。スマートフォンさえあれば、期間限定ではあれ無料でかなりのテレビ番組を手軽に見ることができる。テレビ放送との同時配信も始まり、テレビ番組がぐっと身近になったのではないだろうか。

2. テレビの〈同時性〉と〈偶然性〉

テレビ放送の魅力の一つは、大勢の人が同時に同じ番組を視聴できるということだろう。テレビをＴＶｅｒや配信で見る人がいかに増えようとも、テレビの同時性は崩れることがない。その証拠に話題のテレビドラマはTwitter（現Ｘ）でトレンド一位になったりするが、配信ドラマではいかに人気コンテンツでもそうはいかない。テレビはまだまだ共通言語なのだ。

第49回「経験＋感覚のアップデートを――『silent』」にも書いたが、『silent』（フジテレビ）はＴＶｅｒの見逃し配信やお気に入り登録が歴代最高記録を打ち立てたのに対して、視聴率はさほど高くはなかった。しかし放送時にはほぼ毎回Twitterでトレンド一位となり、多くの若者が配信で見たとしても、テレビという放送メディアの同時性があればこそ人気に火がつき盛り上がったと言える。

テレビ草創期の街頭テレビの時代から、テレビは人びとの共通言語であり続けた。それはテレビが生放送の頃から、本質的にライブ性、中継性を大事にするメディアだったからだろう。SNSによって、視聴者は誰でもテレビの中で起こっていることを「実況」できるようになった。近年は番組や作り手、出演者を批判を超えて罵倒したり誹謗中傷したりするような投稿も増え、SNSとドラマの関係は必ずしも豊かなものとは言えなくなってしまった。しかしSNSには今でも、同じ視聴体験を分かち合い、テレビを共通言語として見知らぬ者同士がつながり合い、一つのコミュニティを形成する豊かな場所にもなりうる。イーロン・マスクの買収によりTwitterがXとなり、今後どうなっていくのか予断を許さないが、テレビはこれからも私たちの共通言語となり、一緒に振り返ることのできる共通の記憶を醸成していくのではないだろうか。

また、配信ではなく放送であるテレビは、一方向的であるがゆえに、自ら選択したわけではない番組と偶然に幸運な出会いを果たすことがある。テレビをつけたらたまたまやっていた番組に心をつかまれた経験のある人も多いだろう。ドキュメンタリーを偶然見て、自分とは関係ないと思っていた社会問題に関心をもつことだってありえる。基本的に自分が見たいものを見る配信では、そうはいかない。むしろ自ら選んでいるつもりで、レコメンド（おすすめ）機能によって、実は選ばされていることもある。配信文化だけに浸っていると、知らないうちにとても狭い世界に関心が偏る可能性があることは、知っておくべきだろう。

3. テレビへの信頼とBPO

ＢＰＯ（放送倫理・番組向上機構）というと、テレビ局や制作会社が何かを「しでかした」時に審議して苦言を呈する監視機関という印象があるかもしれない。しかし放送とインターネット配信の違いを考えるとき、このＢＰＯの存在は重要だ。

ネット空間は良くも悪くも自由である。その自由さが放送では困難な冒険的・実験的な新しいコンテンツを生み出すこともある反面、倫理観の欠如したコンテンツが野放しになってしまうのも事実だ。対して、テレビには倫理が求められる。テレビは視聴者が番組を選んで見るだけでなく、好むと好まざるとにかかわらず番組が一方的に流れてしまうという、ある意味で暴力的な側面を持っているからだ。そしてその倫理を支え信頼性を保証するのが、ＮＨＫと民放連によって設置された第三者機関たるＢＰＯにほかならない。広大なネット空間に溢れるコンテンツや情報に対してＢＰＯのような機関を設置することはおそらく不可能だろう。だからＢＰＯは、放送が放送であること、テレビがテレビであることの根幹にかかわる存在であると言える。

現在、放送番組制作者たちがもっとも神経を尖《とが》らせているのが、X（Twitter）をはじめとするSNSでの批判→拡散→炎上だろう。近年、SNS上で無関係な人びとが一方的に正義を振りかざして特定の対象をバッシングするという行為が目立っている。番組や出演者に対する誹謗中傷や攻撃ともとれる過度な批判は増加する一方で、もはや歯止めが効かないようにも見える。フィクションであることは前提にも免罪符にもならず、あらゆる間違いを許容しない不寛容な空気が蔓延していると言っても過言ではない。

この図式への恐怖は、当然のことながら制作現場を萎縮させる。ドラマの主人公たちが常に「正しい」ことや「よい人」であることを求められるとしたら、それはなんと窮屈なことだろう。私たちはみな失敗もするし間違えもする。そして世の中は理不尽なことで溢れている。私たちはドラマの登場人物たちの失敗や間違いを反面教師にしたり、彼らがいかに理不尽な仕打ちを乗り越えたかを見て生き方を学んだりしてきたはずだ。表面的な「正しさ」への追従とは異なるフィクションの「倫理」とは何かを、テレビは今、根底から問い直す必要があるのではないだろうか。だから、「放送倫理を高め、放送番組の質を向上させ」（放送倫理検証委員会）、「放送による人権侵害の被害を救済」（放送人権委員会）することを目的とするBPOは、「放送における倫理とは何か」について、これまで以上に積極的に見解を示して世論形成にコミットし、SNS等における過剰なバッシングから制作現場や出演者を守ってほしいと思う。

フィクション／ノンフィクションにかかわらず、テレビ制作者たちはこれまでのノウハウを活かして徹底的な取材や検証によって、ＢＰＯ案件とならないような信頼できる番組を作り続けるべきだし、ＢＰＯは私たちが安心してテレビを見られるように、そして制作者たちが萎縮せずに番組制作ができるように、その存在感を一層発揮してほしい。

なお、このことについては、拙論「ＢＰＯは放送を守る最後の砦《とりで》である——問題対応型からその先へ」『ＢＰＯの20年　そして放送のこれから』（放送倫理・番組向上機構〔ＢＰＯ〕、二〇二四年）に詳述したので、そちらをご覧いただきたい。

4. おわりに

テレビがテレビである意味について考えてきたが、テレビはもはやネット配信と無縁ではいられない。テレビならではの同時性を担保しつつ、見逃してもＯＫ、好きなドラマは何度でも見返せるという配信の利点も視聴者は享受すればよいのだと思う。

しかし誰にでも開かれたメディアとして、テレビはこれからも存続してほしいと願っている。そのためには、たとえ予算が潤沢でなくとも、制作者たちはさまざまな工夫や新しいアイデアを凝らして、良質な番組をどんどん制作し続けてほしい。

第3章

二〇二〇年度上半期

——パンデミック勃発

第14回　ウイルスとしぶとく闘う
――『感染爆発～パンデミック・フルー～』

（二〇二〇年四月一五日）

二〇〇八年一月、ＮＨＫスペシャル「シリーズ　最強ウイルス」の第一夜としてドラマ『感染爆発～パンデミック・フルー～』が放送された。「パンデミック」という当時耳慣れなかった言葉は、翌年現実のものとなった。二〇〇九年四月、ブタに由来する新型インフルエンザが猛威をふるい、同年六月にＷＨＯは「フェーズ６」つまり感染症の世界的な大流行を指す「パンデミック」を宣言した。ドラマが現実を予言したような形だが、二〇〇九年だけでなく、二〇二〇年の状況をも先取りしたと言える。

このドラマは、日本海側の架空の寒村で、海外から持ち込まれた鳥インフルエンザがヒトからヒトへと感染し始めるところから始まる。感染は瞬《また》く間に東京でも広まり、海外でも同時に感染爆発が起こって、ＷＨＯは「フェーズ６」を宣言する。東京の病院で副院長を務める主人公の医師・田嶋哲夫（三浦友和）は、感染した患者を受け入れることを決断する。同僚の医師らが感染を恐れていなくなる中、国立感染症予防研究所の奥村薫（麻生祐未）らと共に、増え続ける患者の治療にあたる。田嶋の元同僚で、ウイルス学の権威・津山慎次（河西健司）は、対応が後手に回りながら責任を取ろうとしない官僚たちに疲弊していく。田嶋や津山らは奮闘を続けるが、最後まで事態が収束することはない。

こう書くと悲観的なドラマのようだが、そうではない。終盤で、津山は感染者が出たクルーズ船を受け入れ、立ち向かうことを決意する。東京で最初の感染者となった青年は奇跡的に回復し、野戦病院の様相を呈する田嶋の病院でボランティアを買って出る。このドラマは、解決策を提示してくれるわけではない。しかし、変異を繰り返しながらヒトに寄生し続けるウイルスもしぶといが、それと闘って生き延びる人間だって充分しぶといのだ、という希望を込めたメッセージで幕を閉じる。

ペストを「不条理」として小説に描いたのはカミュだが、人類の歴史はこうした不条理との闘いだ。しぶとく立ち向かい、しぶとく生き延びること。感染しない／させないために家にいることも闘いの一形態なのだと思う。

第15回　不条理から生み出す新世界――『転・コウ・生』

（二〇二〇年五月二七日）

コロナ以降／以前で世界は変わる。緊急事態宣言と外出自粛で私たちの生活様式は様変わりした。そしておそらく事態が収束しても、私たちの生活は元には戻らないだろう。なぜなら、コロナ禍は私たちにさまざまな気づきをもたらし、価値観の変更を迫っているからだ。

そんなことを考えさせてくれる秀逸なドラマがあった。NHKの「今だから、新作ドラマ作ってみました」の第三夜『転・コウ・生』である。脚本は森下佳子。柴咲コウ、ムロツヨシ、高橋一生が本人役で出演している。タイトルの『転・コウ・生』は、大林宣彦監督の映画『転校生』（一九八二年）と出演者の名前にかけているそうだ。『転校生』や新海誠監督のアニメ『きみの名は。』（二〇一六年）のように、このドラマでも出演者同士で心と体が入れ替わる。最初は柴咲とムロが入れ替わり、気がつくと柴咲はムロの姿でムロの家にいるという具合だ。そこに猫の姿になった高橋が加わり、柴咲、ムロ、高橋、猫の四者は、各自の家にいながらにして、めまぐるしく入れ替わっていく。

これまでの入れ替わりものなら、最終的には皆自分の体を取り戻すのだが、このドラマは入れ替わったまま終わる。柴咲の姿をした高橋は言う。「必ず元に戻るとは考えないほうがいいのかもしれません」「たとえ今日入れ替わる条件がわかったとしても、明日にはそれが変わるかもしれない」。高橋の姿をした柴咲も応える。「ウイルスは人間の都合では動いてくれないから、こっちが臨機応変にやっていくしかないんだよね」

実際、このドラマもコロナ禍の渦中で、まさに臨機応変に作られた。スタッフの打ち合わせも、出演者の本読みも、出演者自ら撮影するスマートフォンのセッティングの指示も、すべてWEB会議システムを使った「テレワークドラマ」なのだ。

コロナ禍は不条理だ。でも人間の知恵は、その不条理を受け容れ、むしろ逆手にとって新しい世界や作品を生み出していける。今後、見たことのないドラマが生まれるかもしれない。

第16回　業界の〝今〟を記憶し記録を

（二〇二〇年六月二四日）

　いきなり手前味噌で恐縮だが、私が館長を務める早稲田大学演劇博物館では、コロナ禍により多くの演劇公演が中止・延期になったことを受け、演劇界の現在を詳細に記録・記憶して未来に伝えようというプロジェクトを進めている。その一環として、幻となった演劇公演のチラシやポスター、プログラム、台本等を収集し、日の目を見なかった「失われた公演」展もいつか実現できればと思っている。

　中断を余儀なくされていたドラマの撮影がようやく再開され、四月スタートのはずだったドラマがやっと見られるのは嬉しいのだが、テレビ番組についても、生々しい記録が必要ではないか。何事もなかったかのように元に戻るのではなく、コロナ禍という未曾有の事態のなかで各局がどんなに慌て、外出自粛にどう反応し、どんな工夫をして三密を避け、何を放送／再放送し、どうやって切り抜けたのかを、業界としてしっかり記憶してほしいと思う。

　実際、コロナ禍によって窮余《きゅうよ》の策として生み出されたドラマには面白いものが多い。前回取り上げたＮＨＫの森下佳子作『転・コウ・生』と同じシリーズの坂元裕二作『Living』、フジテレビの水橋文美江作『世界は3で出来ている』、WOWOWの岡田惠和作『2020年五月の恋』など、テレワークドラマとかリモートドラマとかソーシャルディスタンスドラマとか呼び方はさまざまだが、いずれも感染防止のために出演者を一人か二人に限るという制約の中で、見応えのあるドラマに仕上がっていた。お金をかけなくても、どれだけ制約があっても、よい脚本とスタッフの創意工夫と俳優の演技力があれば面白いドラマは作れるということを、これらのドラマは証明してみせたと言える。

現実に起こっていることに即座に反応して新しいドラマを生み出すという、ゲリラ的とも言える自由な精神を、コロナ禍はテレビ業界に思い起こさせてくれたのではないだろうか。そしてこのことは、制作現場の働き方改革や予算削減にもつながると思うのである。

〈追記〉早稲田大学演劇博物館では、二〇二〇年一〇月七日よりオンライン展示「失われた公演　コロナ禍と演劇の記録／記憶」を開始し、コロナ禍でやむなく中止・延期となった舞台公演のチラシ画像や関係者の生々しい証言をインターネット上で公開した。翌二〇二一年六月から八月には、「Lost in Pandemic ——失われた演劇と新たな表現の地平」展を開催し、中止・延期になった舞台公演の資料のみならず、コロナ禍における新たな表現の可能性に光を当てるとともに、過去の疫病や感染症を演劇がどう描いてきたかを示す資料を展示した。

こうした取り組みは、実際には上演されなかったとしても、演劇的な営みがどのように準備され、どのように中止や延期に追い込まれたか、そのとき関係者たちは何を考えたかを正確に記録しアーカイブすることで、演劇の歴史に空白を作らないためのものだ。将来、同様のパンデミックが起こったときに、こうしたアーカイブは有益な情報を提供してくれるだろう。また、パンデミック下で新たな表現がどのように模索され実現されたかを展示することを通して、人間の底力を見せつけるだけではなく、希望を示すことができたのではないだろうか。

テレビ業界においても、コロナ禍における取り組みをアーカイブして、将来に役立ててほしいと切に願っている。

第17回　ついにマスク姿のドラマも

（二〇二〇年七月二二日）

ドラマの登場人物たちはなぜマスクをしないのか――。そんな疑問が巷《ちまた》では結構な話題になっている。コロナ禍での緊急事態宣言が解除されてドラマ制作も再開し、四月開始予定だった連続ドラマもようやく放送されている。とはいえコロナ禍は収束しておらず、東京都内の街を歩く人は百パーセントと言っていいほどマスクを着用。バラエティでも『マツコ会議』（日本テレビ）のように出演者たちがマスクしている場合もある。

しかし、なぜかドラマの登場人物は、病院のシーンなどを除けば、ほとんどマスクをしていない。フィクションはなにも現実をそっくり再現する必要はないわけで、ドラマを見ている間ぐらいコロナ禍を忘れさせてよと思う人も多いだろう。第一、今期のドラマを彩る木村拓哉や星野源、多部未華子らの顔が半分隠れていたらがっかりだ。マスク姿の半沢直樹が「倍返しだ！」と言ってもイマイチ迫力がないだろう。唇の動きで言葉を読み取る聴覚障害の人たちは、マスク着用が常態化して苦労されていると聞くし、マスクが多くの視覚的情報を奪うことは事実である。ドラマにマスクは難しい。

一方で、この「ドラマでマスクしない」問題は、私たちが、自分たちの生活は早晩、元に戻ると信じていることを示しているとも言える。「新しい生活様式」「新しい日常」などの旗印の下、「ウィズコロナ」の時代を生きろと言われても、総マスク状態はかりそめの姿に過ぎず、いずれはドラマのようにマスクなしの状態に戻るのだと、私たちは思いたいのではないか。

だとしたら、マスクを着用している現実のほうがむしろ〝仮の姿〟で、マスクをしていないフィクションのほうが〝真の世界〟だということになる。コロナ禍が壮大なフィクションならどんなにいいかと私も思うけれど、この状況が続けば、いずれ逆転する日が来るかもしれない。ドラマはいつまでマスクなしで持ちこたえられるだろうか――と書いていたら、コロナ禍での家族を描き、出演者がマスク姿のNHKドラマの予告編が始まった！

〈追記〉

このとき予告編が始まったNHKのドラマは又吉直樹脚本による『不要不急の銀河』（二〇二〇年七月二三日放送）である。自粛期間を経てスタジオが再稼働し始めた時期に生まれた傑作ドラマだ。詳しくは73ページからの幕間エッセイを読んでいただきたい。

第18回　科学者たちの夢と欲望──『太陽の子』

（二〇二〇年八月一九日）

「人間はエネルギー資源を求めて戦争をする。われわれが核分裂をコントロールしてそのエネルギーを自由に使うことができるようになったら、人間のエネルギー問題は永久に解決するはずや。そしたら戦争はなくなる。（中略）これは夢物語か？　科学者が夢語らんでどうする」

終戦から七五年目となる八月一五日、ＮＨＫで特集ドラマ『太陽の子』が放送された。第二次世界大戦時に京都大学で「原子核爆弾」の研究に携わった学生とその家族の物語である。冒頭に引用したのは、京都帝国大学理学部教授（國村隼）のセリフだ。強烈な皮肉である。現在の私たちは、これがまさに夢物語でしかなかったことを知っているのだから。日本は唯一の被爆国だが、このドラマは、一歩間違えば日本は原子爆弾の加害者になっていたかもしれないという事実を突きつける。

柳楽《やぎら》優弥演じる主人公の石村修は研究室を出ればごく普通の恋する青年だが、科学者の語る夢を信じ、原子物理学の研究に没頭していく。彼を突き動かすのは「お国のため」といった大義名分ではない。好意を寄せる幼なじみの世津（有村架純）に、修はリチウムの原子核に陽子を打ち込んだときに発生する緑色のアルファ線の美しさについて語る。危険な光の美しさを力説する修の目の輝きは、もはやマッドサイエンティストのそれに見える。この危うさを演じる柳楽の演技は圧巻だ。一九〇二年にラジウムの精製に成功し、青い光を見たキュリー夫妻を想起せずにはいられない。未知の光に魅せられた科学者たちの欲望が、原子力という怪物を生み出していったのである。

広島と長崎の後、「原子核爆弾」は京都に落とされると噂された。その爆発する瞬間を見るために比叡山に登るという修に、田中裕子演じる母は、それが「あんたの考える科学者の仕事」なのかと毅然とした態度で問う。

終戦から七五年、戦争の記憶は色褪《あ》せても、ドラマは戦争の知らなかった側面を見せてくれる。

修の弟で陸軍士官の裕之を好演した三浦春馬さんのご冥福を心からお祈りしたい。

第19回　他者を「見つける」想像力――『ＭＩＵ４０４』

（二〇二〇年九月一六日）

ＴＢＳ系金曜ドラマ『ＭＩＵ４０４』第一二話は、刑事の伊吹藍が同僚の志摩一未の住むマンションを訪れる穏やかな非番の一日を描いた――九月一一日（金）のTwitter上には、そんな話題が溢れた。

実は『ＭＩＵ４０４』は、前週の九月四日に放送された第一一話が最終回で、九月一一日は新ドラマが放送された。つまり「第一二話」は現実には存在しない回だ。しかし終了を惜しむファンたちが、架空の第一二話をそれぞれに想像し、Twitter上で披露したのである。本作の人気の高さがうかがえる。

『ＭＩＵ４０４』はバディー（相棒）もので、主人公の二人の刑事・志摩と伊吹を星野源と綾野剛が好演した。タイトルにある「ＭＩＵ」とは「機動捜査隊」の英語名の頭文字だ。二人は警視庁の働き方改革により新設されたという架空の第四機動捜査隊に所属する。「４０４」はいわば二人のチーム名だ。と同時に「４０４」は、インターネット上で探しているページが不在のときに「not found」（発見できず）の意味で表示されるエラーコードでもある。

このことが示唆するように、本作は「見つけること」がテーマだったと思う。これまでの刑事ドラマと一味違うのは、主人公の二人が単に事件の犯人を突き止めるだけではなく、社会の片隅にひっそりと身を隠して生きる声なき者たちの声に耳を傾け、その存在を必死に見つけ出そうとすることだ。最終話で二人を翻弄する頭脳犯の久住も、本名を抹消して自ら「クズ」「ゴミ」を名乗る人間である。二人に見つけ出される久住を演じた菅田将暉は、終盤でこどものように無垢な目に虚無を湛える演技で視聴者を圧倒した。

『ＭＩＵ４０４』が描いた「見つけ出す」こととは、自分の日常生活とは関わりのない人びとへの想像力を持つことでもある。Twitter上で展開された架空の第一二話の数かずは、このドラマが視聴者の想像力を刺激したことの証かもしれない。志摩と伊吹に穏やかな日常が訪れるだけではなく、久住の闇が晴れて本名を見つけ出す第一二話を、私も想像してみたい。

幕間エッセイ

コロナ禍におけるドラマを振り返る

1．「顔」は当てにならない。

新型コロナウイルスCOVID‐19が5類に移行するまで、街ゆく人びとのほぼすべてがマスクをしていたことは記憶に新しい。5類への移行後も電車等では多くの人がマスクをしていた。では、マスクをしている人が誰なのか、私たちはどのように認知したのだろうか。もちろん家族や同僚など日々顔を合わせる人や親しい人、よく知っている人なら、マスクをしていても問題なく顔を認識できるだろう。しかしたとえば二度目や三度目に会うぐらいの人だと、顔の下半分がマスクで覆われていれば顔だけで見極めるのは難しい。初めからマスク姿しか見ていなければ、いざマスクをはずしたときにその人だとわからないこともあるだろう。人を認識するとき、顔だけではもはや難しく、体つきや所作、しゃべり方などをトータルに見る必要がある。つまり顔は以前ほど「当てにならない」のだ。

「第17回　ついにマスク姿のドラマも」で書いたように、ドラマではマスク姿の人物はなかなか登場しなかった。しかしマスクの装着が私たちのアイデンティティ認識に大きな変化を及ぼしたことは事実で、それはドラマにも影響を与えたのではないだろうか。そんなことを思ったのは、コロナ禍が始まった二〇二〇年の幾つかのドラマに一つの傾向が見られたからにほかならない。

自粛期間で撮影現場が実質的に止まってしまった時、各局はさまざまな工夫をして、感染を回避しつつドラマを制作した。その一つが、第15回「不条理から生み出す新世界──『転・コウ・生』」で取り上げた、「テレワークドラマ『転・コウ・生』」(二〇二〇年五月、NHK)である。森下佳子脚本による本作は、第15回でも言及したように、スタジオで収録するのではなく、パンデミックが起こってから瞬く間に普及したオンライン会議システムのZoomを使い、打ち合わせもリハーサルも本番収録も、出演者たちが実際に顔を合わせずに制作された。機材の操作も出演者が行うため、操作が簡単で、最小限のセッティングですむ方法として、スマートフォンのカメラとぽんぽんのついたマイク、スマートフォンを固定する三脚のセットがNHKから出演者のもとに送られ、衣裳・メイク・劇中で使われる小道具などもほぼすべて出演者自身が用意したという。

森下が脚本を務めたNHK大河ドラマ『おんな城主 直虎』のキャストたちが再集結したという話題性もあったが、興味深いのは、このドラマがいわゆる「入れ替わりもの」だったということだ。柴崎コウ、高橋一生、ムロツヨシに猫を加えた三名+一匹が、自粛生活の中で中身が入れ替わってしまうのである。芸達者な俳優たちが「柴崎コウ」「高橋一生」「ムロツヨシ」という芸名のままにプライベート空間からZoomの画面に登場するため、三人は、男／女や人間／動物の境界に加えて虚／実の境界をも軽々と超えて、柴崎コウの顔をしたムロツヨシや、ムロツヨシの顔をした柴崎コウや、高橋一生の顔をした猫になりきってしまう。柴崎コウの顔をしたムロツヨシが変顔をしたり鼻をほじったりするとそれはもうムロツヨシなのだ。

しかもたいていの入れ替わりものでは元に戻ってめでたく幕を閉じるのに対して、本作では入れ替わったままに終わるのも秀逸だった。それはコロナ禍が終わっても元の日常には戻らないから、それを受け入れて生きていこうよというメッセージにも思われ、さすがの森下脚本だと感銘を受けた。

このように本作は入れ替わりによって画面に映る顔と中身の乖離《かいり》を表現することで、テレビの画面に映る顔がその人のアイデンティティと必ずしも結びつかないことを誇張して示したと言える。そもそもZoomの画面は照明やエフェクトによって顔を加工することが可能なものだ。眉や唇を選択肢から選んで自分の顔にごく自然に貼り付けることもできる。画面に映る顔は本人と必ずしも同じではなく、「当てにならない」というのは、Zoomを経験した者なら多かれ少なかれ感じることではないだろうか。

『世界は３で出来ている』
（写真提供：フジテレビ）

もう一つ、この意味で出色だったのが、同年六月に放送された水橋文美江脚本「ソーシャルディスタンスドラマ『世界は3で出来ている』」（フジテレビ）だ。こちらは俳優が直接顔を合わせることを回避するために、俳優の林遣都が一人で三つ子を演じた。コロナ禍で三つ子が次男の家に集まるという設定だが、三つ子はいずれもマスクは装着しておらず、林が性格の異なる三人を絶妙に演じ分けたことで話題になった。しかし林の優れた演技によって三人が完璧に区別されるにせよ、三人の判別に顔が果たす役割はとても小さい。なにしろ同じ顔なのだから。視聴者は、おもに服装や全体的に醸し出す雰囲気やしゃべり方や話の内容によって三人の違いを認識することになる。ここでも顔は人物同定には役に立たず、「当てにならない」と言える。

さらにもう一つ挙げるなら、翌二〇二一年四月から放送された加藤拓也作「よるドラ『きれいのくに』」（ＮＨＫ）では、美容整形が当たり前となり、男性は稲垣吾郎、女性は加藤ローサの顔になる国が描かれた。言うまでもなく、稲垣と加藤は職業も家族もすべて異なるさまざまな人物を演じることになり、視聴者は別人として見ることを求められる。ここでも顔は登場人物の区別にはまったく役に立たず、「当てにならない」。

コロナ禍の渦中で、人物同定において「顔」が「当てにならない」ことを示すドラマが立て続けに放送されたことは、はたして偶然だろうか。さすがにそこまで意識して作られたとは思わないものの、マスクを装着して顔半分を隠すことが日常になり、人のアイデンティティの認識の仕方が急激に変化したことを、これらのドラマは図らずも示していたのではないだろうか。ドラマは社会を映し出す鏡なのだから。

と、ここまで書いて、はたしてこれはコロナ禍だけの問題だろうかと考えてしまった。先ほど述べたように、コロナ禍により急激に需要が伸びたZoomの画面自体、マスク＝仮面のようだが、さらに言えば虚像を見せるテレビの画面もまたマスクと言えるのではないか。携帯で撮影した自撮り写真を手軽に「盛る」ことができる昨今、私たちはもはや素顔を失いつつあるのかもしれない。

鷲田清一は名著『顔の現象学』において、そもそも「素顔」とは「素顔という仮面」の別名にほかならないとして次のように述べる。

整髪・洗顔・髭剃り、そして化粧。顔はいつも技巧的にメイク・アップされている。そうするとありのままの顔、「自然の」顔というのは、そもそも不可能な顔のことなのではあるまいか、そのような対象としての〈顔〉の同一化の問題がここで生じる。

鷲田が言うように素顔も仮面の一形態だとすれば、コロナ禍のドラマはそのことを炙《あぶ》り出しただけなのかもしれない。

2. 「不要不急」のドラマ

自粛期間が終わり、ようやくスタジオが動き出したとき、一つの傑作ドラマが生まれた。又吉直樹脚本によるドラマ『不要不急の銀河』（二〇二〇年七月二三日放送、NHK）である。

コロナ禍による緊急事態宣言の下、不要不急の外出を控えるよう政府や都が要請し、私たちは当たり前だった日常生活のなかで、何が不要不急で何がそうでないのかを選別するようになってしまった。そうして飲食業をはじめ多くの業種が大打撃を受けた。「不要不急」のレッテルを貼られたからだ。『不要不急の銀河』は、コロナ禍により経営不振に陥ったスナック「銀河」を舞台に、閉店をめぐる家族の葛藤を細やかに描いた。閉店したくなくとも、抗議の貼り紙など外圧によって閉店に追い込まれる状況も炙り出される。ドラマの中で店主（リリー・フランキー）の両親である老夫婦（小林勝也と片桐はいり）が交わす会話が印象的である。

「なあ、俺たちの人生は不要不急だったのか？」
「不要不急でしょうよ。不要不急以外の何物でもないじゃない」

スナックに行くことが不要不急ならば、スナック経営に捧げてきた人生自体も不要不急ではないかという老父の切実な問いに対して、「不要不急以外の何物でもないじゃない」と老母は笑ってこともなげに答える。

しかしその老母は、スナック銀河で常連客の誕生日にカラオケ大会を開催し、やがてそれは閉店に積極的な店主の妻（夏帆）をも巻き込み、中島みゆきの「ファイト！」が熱唱される中で、思いがけない祝祭となってゆく。そしてついに老父扮するフェニックス＝不死鳥が降臨した瞬間、不要不急と切り捨てられた銀河が甦《よみがえ》り、一瞬の煌《きら》めきを見せるのである。

実はこの番組は二本立てで、本編のドラマに先だってメイキングのドキュメンタリーが放送された。メイキング編では、コロナ禍のもとでスタッフたちが感染防止にどれほど心を砕き細心の注意を払いながらドラマを制作したかが伝えられる。メイクのブラシの使い方一つに対しても専門家が助言し、子役が作った飛沫防止のアクリル板がドラマの小道具として取り入れられたりもする。

コロナ禍で制作現場が止まった時、作り手たちはドラマ作りの意味を考えただろう。その一つの答がこのドラマなのではないだろうか。スナックが不要不急なら、ドラマという娯楽もまた不要不急なのかもしれない。しかしスナックで癒される人たちがたくさんいるように、ドラマから生きる力を得る人びともいるのだ。このドラマに励まされたのは、飲食店関係者だけではなく、「不要不急」というレッテルを貼られた仕事に携わるあらゆる人びとだったのではないだろうか。コロナ禍の渦中で細心の注意と多大な努力を払って不要不急のスナックのドラマを制作したこと自体、「不要不急」という言葉に対する批評となっていたと思う。私たちはいったいどのような資格でさまざまな職業や事柄に「不要不急」というレッテルを貼るのだろうか。私たちの人生もまた、不要不急かもしれないのに。

ファイト！　闘う君の唄を
闘わない奴等が笑うだろう
ファイト！　冷たい水の中を
ふるえながらのぼってゆけ

という「ファイト！」の歌詞はすべての不要不急の者たちに向けたエールなのだと感じ、胸が熱くなった。

第4章

二〇二〇年度下半期

——巣ごもりの季節

第20回　未知の世界を切り拓く――『妖怪シェアハウス』

（二〇二〇年一〇月一四日）

結婚はもはやドラマのヒロインのゴールではない。ヒロインがさまざまな苦難を乗り越え、恋のお相手からプロポーズされてめでたしめでたしとなる結末は、時代遅れとも言える。九月一九日に最終回を迎えた土曜ナイトドラマ『妖怪シェアハウス』（テレビ朝日）は、まさに「結婚がゴールではない」ドラマだった。（以下、ネタバレあり。）

小芝風花演じるヒロイン目黒澪《みお》は人の目を気にして空気を読みながら地味に生きてきたが、クズ男につかまって家も仕事もお金もすべてを失ってしまった。そんな澪が辿り着いたのが、妖怪たちが暮らすシェアハウスだ。四谷怪談のお岩さん（松本まりか）、酒呑童子（毎熊克哉）、座敷童子（池谷のぶえ）、ぬらりひょん（大倉孝二）らに助けられながら、澪は少しずつ変わっていく。

編集プロダクションに勤めて、自らも文章を書き始める。ところが妖怪たちと暮らすうちに澪は妖怪化し、角が生えてくる。妖怪化を止めるには人間と結婚するしかない。都合よく、陰陽師の水岡譲（味方良介）と編集プロダクションの社長、原島響人（大東駿介）から同時にプロポーズされる。おっと、これは結婚＝ハッピーエンドのドラマなのか⁉　と一瞬思わせる展開だが、そうではなかった。

詳しくは書かないが、どちらと結婚しても幸福な未来があることを知りながら、澪は結婚を選ばない。角が生えて妖怪化することのほうを選択するのだ。澪は言う。「食べたいものを食べて何が悪い。結婚できなくて何が悪い。家族を作れなくて何が悪い。常識なんてくそくらえだ。生きたいように生きて何が悪い！」澪にとって妖怪化は忌み嫌うことではなく、「自分を解放すること」だったのである。

私たちは多かれ少なかれ人の目を気にして空気を読みながら生きている。失敗しないようにマニュアルを読み、誰かが作った枠に自分を当てはめることで安心する。『妖怪シェアハウス』は一見突拍子もない設定のようだが、結婚といった枠にはまらない多様な生き方を肯定し、未知の世界を自分で切り拓く力を与えてくれるドラマだった。私も妖怪になりたいと心から思う今日この頃である。

第21回　政権暴露ドラマの現実感
――『ザ・コミー・ルール　元FBI長官の告白』

（二〇二〇年一一月一一日）

大統領選挙を間近に控えた今年九月二七日、あるテレビドラマがアメリカで話題となった。ドナルド・トランプ大統領によって任期途中で解任された米連邦捜査局（FBI）元長官、ジェームズ・コミーによる暴露本『より高き忠誠 A HIGHER LOYALTY 真実と嘘とリーダーシップ』を原作とする『ザ・コミー・ルール』である。日本でも大統領選挙直前の一一月一日にWOWOWで放送された。

本作前半のハイライトは、二〇一六年の大統領選挙前に、民主党のヒラリー・クリントン候補が国務長官時代に公務に私的なメールアカウントを使用していたことをFBIが捜査・公表した顚末《てんまつ》だ。いったん情報漏洩の疑惑は晴れるものの、選挙直前に新たに大量のメールが発見されたため、コミーは再捜査を決断し、公表する。その一方で、ロシアがトランプ候補を勝たせるために情報操作を行ったという、いわゆるロシアゲート疑惑は秘密裏に捜査され、公表されなかった。クリントン候補の不正は再捜査でも発見されなかったが、結果的にこの捜査がクリントン陣営にダメージを与え、トランプ当選を後押しすることになった。

ドラマ後半は、ロシア絡みのスキャンダルの隠蔽《いんぺい》を求めるトランプ大統領に従わなかったために、コミーが長官を解任されるまでを描く。ここに登場する大統領は、意に沿わぬ者を次々と解任し、法や正義よりも自分への絶対的忠誠を最優先させる利己的な権力者だ。

このドラマの登場人物には政府要人らの実名が使われているものの、コミーの視点から一方的に描かれていること、そしてドラマというフィクションとして制作されていることには留意する必要がある。つまり描かれたことすべてを真実として、鵜呑みにするわけにはいかないのである。

しかしそのことを差し引いても、前回の大統領選挙やトランプ政権の内幕が画面から生々しく迫ってくることはたしかだ。今回の大統領選挙で開票作業を詐欺と決めつける現役大統領のスピーチを、アメリカの主要テレビ局が「虚偽の拡散」と判断して生中継を中断するさまを見れば、このドラマに一層のリアリティを感じざるをえない。

この稿を書いている現在、大統領選はまだ決着がついていない。アメリカはどこに向かうのだろうか。

第22回　コロナ禍に響くイマジン
――『〝イマジン〟は生きている　ジョンとヨーコからのメッセージ』
（二〇二〇年一二月九日）

ジョン・レノンが自宅のあるダコタハウス前で凶弾に斃《たお》れたのは、ちょうど四〇年前の一二月八日だった。

今年一一月二一日、命日よりも一足早くドキュメンタリー『〝イマジン〟は生きている　ジョンとヨーコからのメッセージ』（ＮＨＫ）が放送された。よくある回顧番組かと思いきや、「分断と差別が世界を覆う今、イノセントとも言える二人のメッセージに改めて耳を傾けてみよう」という語りかけで始まる、骨太で感動的な番組だった。

ジョン・レノンとオノ・ヨーコ夫妻が愛と平和を訴え続けたことはよく知られている。アメリカでベトナム反戦運動の活動家ジョン・シンクレアの釈放を求めるチャリティコンサートに出演したことをきっかけに、ニクソン政権下のＦＢＩにマークされ、「レノン・ファイル」と呼ばれる膨大な報告書が作成されたが、二人は戦争や人種差別に反対し続けた。

名曲「イマジン」を、ジョンはこどもに語りかけるように作ったという。「想像してごらん、国家なんてない、難しいことじゃない。想像してごらん、殺したり死んだりする理由もなく宗教さえもない。想像してごらん、すべての人びとが平和な暮らしを送っていると」というあまりにもストレートで衒《てら》いのない歌詞を、絵空事だと嗤《わら》うことはたやすい。しかし番組は、世界が憎しみに覆われるたびにこの曲が繰り返し歌われてきたことを静かに告げる。

たとえば冒頭で、今年五月の香港で、国家安全維持法の導入に対し、市民が言論の自由を求める訴えを貼り付けた壁がレノン・ウォールと呼ばれたことが紹介される。そして二〇〇一年アメリカ同時多発テロの後、イスラム教徒への憎悪をむき出しにするアメリカでこの歌が多くの人びとに歌われたこと、二〇一五年のフランス同時多発テロで八九人が犠牲となったバタクラン劇場の前で、ドイツ人ピアニストがこの曲を大群衆に向けて演奏したことなどが、ロックバンド「Ｋｉｎｇ　Ｇｎｕ」のヴォーカル井口理の抑制の効いたナレーションと貴重な映像で綴られてゆく。

「よりよい世界をつくるのは人間の義務なんだ」と語るジョンの肉声は、四〇年の時を経て、コロナ禍に覆われた二〇二〇年の世界にも切実に響いた。

第23回　生きてまた抱き合おう　ガンバレ人類！　新春スペシャル!!
──『紅白歌合戦』と『逃げるは恥だが役に立つ』

（二〇二一年一月一三日）

「毎年、今年の目標は『生きる！』と決めております。今年も生きま～す！」一月八日放送の『あさイチ』（NHK総合）で、ゲストのいとうあさこが語ったこの言葉が共感を呼んでいる。

昨年はコロナ禍や芸能人の死など、さまざまな意味で死が身近な一年だった。今年もコロナ禍は収まるどころか勢いを増しており、感染爆発と経済への大打撃の両方でつらい幕開けとなった。そんな中、この言葉はストレートに心に響いた。いとうあさこに限らず、この年末年始の番組は、「生きよう」というメッセージを伝えるものが多かった。

まずは先月三一日の『NHK紅白歌合戦』だ。星野源は、昨年自粛期間中にネット上でさまざまなバリエーションとともに拡がった「うちで踊ろう」の大晦日《おおみそか》バージョンを歌い、2番の歌詞を披露した。「愛が足りないこんな馬鹿な世界になっても／まだ動く／まだ生きている」「生きて抱き合おう／いつかそれぞれの愛を重ねられるように」という歌詞にぐっときた人も多かっただろう。今は独りで歌ったり踊ったりするしかなくても、生きていればいつかまた抱き合うこともできるのだ。

その星野源が出演した『逃げるは恥だが役に立つ　ガンバレ人類！　新春スペシャル‼』（TBS、一月二日放送）はまさにこの歌詞に呼応するような内容だった。二〇一六年に大人気を博し、主題歌の「恋」に合わせて踊る「恋ダンス」が大流行したドラマの続編である。前半では、女性の産休、男性の育休、選択的夫婦別姓など、妊娠したヒロインみくり（新垣結衣）と夫の平匡《ひらまさ》（星野源）が直面する、現実の社会問題の数かずが盛り込まれた。後半になると一転して、昨年私たちが経験したコロナウイルス感染拡大の状況が、さながらドキュメンタリーのように描かれた。みくりと新生児は感染を避けるため、千葉県館山市の実家に「疎開」する。一人になった平匡は、まさに「ひとり踊ろう」状態の孤独を噛みしめる。

けれどもドラマのエンディングでは、コロナ禍が収束した後の世界が描かれる。それは赤ちゃんを連れて疎開先の実家から戻ったみくりと平匡が、心おきなくハグできる世界だ。道のりは険しくても、生きていれば、そんな世界はきっと来ると励まされる新春だった。

第24回　社会の実情問う往復書簡
――是枝裕和『万引き家族』と坂元裕二『Mother』

（二〇二二年二月一〇日）

坂元裕二と是枝裕和。言わずと知れた、テレビドラマ『カルテット』や最近公開されたばかりの映画『花束みたいな恋をした』などで知られる脚本家と、『万引き家族』で第七一回カンヌ国際映画祭の最高賞パルムドールを受賞した映画監督である。この二人の影響関係がずっと気になっていて、二〇一七年に「坂元裕二×是枝裕和トークショー　ドラマの神様は細部に宿る」を企画し、早稲田大学演劇博物館主催で開催した。開催前から大きな反響を呼び、当初予定していた会場を急きょ定員一一〇〇人の大隈記念講堂大講堂に変更したが、ネット予約は一五分ほどで枠が埋まった。企画者として、「せっかくの機会なのでお互いの作品について語ってください」とお願いしたところ、互いへのリスペクトに溢れ、深い影響を認め合う、濃密な対談となった。

なぜいまさらこの話を蒸し返しているかというと、宣伝めいて恐縮だが、一月末に発売された雑誌「ユリイカ　特集＝坂元裕二」（二〇二一年二月号）に拙文「捨てられた子ども、裁かれる『母』——『万引き家族』から『Mother』を考える」を寄稿したからだ。
『万引き家族』は坂元の『Mother』（日本テレビ、二〇一〇年）の八年後の作品だが、『万引き家族』を通して見直すことで、『Mother』が投げかけた問いが改めて浮き彫りになった。どちらも、親のDVの被害者である子どもを「誘拐」して「母」のように愛情を注いだ女性が裁かれる物語だ。そこには虐待にさらされる子どもたちの、法や制度では救いきれない実情が浮かび上がる。

その背景には、シングルマザーの貧困など経済格差が深刻さを増す社会において、血縁の親だけが子育てを担うシステムは既に破綻をきたしているという現実認識があるように思う。だから彼らの作品では疑似家族が肯定的に描かれるのではないか。そこでは血を分けた親ではない者が親になることの痛みや代償も描かれるものの、他人の子どもでも親になることの喜びが豊かに描かれている。

坂元が『Mother』で投げかけた問いは、是枝の『万引き家族』に引き継がれ、坂元の『anone』（日本テレビ、二〇一八年）に投げ返される。さながら坂元と是枝の往復書簡のようで目が離せない。

〈追記〉

二〇二三年に、是枝裕和（監督）と坂元裕二（脚本）がタッグを組んで映画『怪物』を創り上げたことは記憶に新しい。

第25回　死者とともに生きていく
――『宮城発地域ドラマ　ペペロンチーノ』

（二〇二一年三月一〇日）

東日本大震災から一〇年。あの震災以降、日本人の死生観が変わったのではないかと思う。端的に言えば、幽霊が登場するドラマが増えたのだ。そしてその幽霊は呪いや怨念とは無縁の怖くない幽霊で、むしろ家族を温かく見守る存在であることが多い。これは、多くの生命が突然奪われたという事実を前に、死者を「いなくなった人」として忘れるのではなく、いかに死者とともに生きていくかを人びとが真剣に考え始めたからではないだろうか。

二〇一三年にはNHKスペシャル『亡き人との〝再会〟～被災地　三度目の夏に～』が、被災地で実際に多数の幽霊が〝目撃〟されていることを伝えた。しかしこのドキュメンタリーにも賛否両論があったように、幽霊は現実には受け入れられがたいのかもしれない。

しかしドラマはフィクションであるがゆえに、そんな人びとの切実な想いに寄り添い、やさしい幽霊を登場させてきたのだと思う。たとえば、震災の年に放送された、NHK連続テレビ小説『カーネーション』の「おはようございます。死にました」という卓抜なナレーシヨンや、亡き母が幽霊となって現れ、幽霊自身も成長していく『11人もいる！』（テレビ朝日、二〇一一年）などがすぐに思い浮かぶ。主人公（千葉雄大）が震災で亡くなった家族や近隣住民たちの幽霊と再会する『小さな神たちの祭り』（東北放送、二〇一九年）も秀逸だった。

今年は震災一〇年の節目なので特集番組がたくさん放送されている。そのなかで一色伸幸脚本『宮城発地域ドラマ　ペペロンチーノ』（三月六日、NHKBSプレミアム、BS4K）は、まさにその流れを汲む温かいドラマだった。これから再放送（東北地方のみ、NHK総合）もあるので詳細を書くことは控えるが、営んでいたイタリアンレストランが津波に流され、一時は酒に溺れたシェフの小野寺潔（草彅剛）が、一〇年目のその日に、自分を導いてくれた人びとを再建したレストランに招く物語である。小野寺が誰のどのような言葉や行為に励まされてここまで来たかが、やさしく丁寧に描かれ、一味違う震災ドラマとなった。草彅の淡々とした演技が乗り越えてきた苦難をむしろ饒舌《じょうぜつ》に伝えて、一〇年の重みを感じさせた。

幕間エッセイ

エンターテインメントにできること
――東日本大震災と『カーネーション』

第25回「死者とともに生きていく――『宮城発地域ドラマ　ペペロンチーノ』」で触れたように、二〇一一年の東日本大震災以降、家族を温かく見守る幽霊が登場するドラマが増えたと感じている。家族の幽霊は忌むべき恐ろしいものではなく、むしろ死んでからも傍らにいて一緒に生きていくものとして描かれているのが特徴だ。私が最初にそのことを意識したのが、NHK連続テレビ小説『カーネーション』だった。ここでは、本書で何度か触れてきた『カーネーション』が何を表現していたのかを考えてみたい。

1.『カーネーション』の魅力

まずは『カーネーション』の魅力について触れておこう。渡辺あやの脚本、田中健二らの演出、主演の尾野真千子・夏木マリらの演技のいずれもが素晴らしかったが、朝ドラ史の観点から言えば、『カーネーション』の功績の一つは、朝ドラのヒロインを自由にしたことではないだろうか。

連続テレビ小説『カーネーション』
（写真提供：NHK）

それまでの朝ドラのヒロインは、逆境に健気《けなげ》に耐え抜く優等生だったり、ちょっとそそっかしいけど誰からも愛される明るいキャラクターだったり、マジョリティーに受け入れられやすい性格設定が基本だった。そして多くの場合、夢を追いながらも結婚して子どもを産み、良妻賢母となることが運命づけられていた。「良妻賢母」という概念は、一見時代遅れだが決して死語ではなく、日本の社会にいまだに根深く沁《し》み込んだ価値観であり、幻想でもある。ところが『カーネーション』のヒロイン糸子（尾野真千子）は、あらゆる面でこの幻想を粉砕したのだ。舌打ちする、畳に寝っ転がる、常に家にはいるが家事より仕事、こどもは産むが子育てより仕事、夫亡き後とはいえ妻子持ちと不倫もする、「あんたの図太さは毒や！」とまで言われるほど図太い。そしてその図太さで、戦前から現代までをしたたかに生き抜いていく。

　岸和田出身の糸子にとってだんじりは何よりも大事なものだが、男性しか曳《ひ》くことを許されない。けれども糸子は自分にとってのだんじりであるミシンと出会い、女性であることのハンディをはねのけ、家父長制の権化のような父親（小林薫）と対決して勝利しながら、洋裁の世界で自分の道を開拓していく。そのさまは痛快だった。

2．人はみな死ぬ、でも死は喪失ではない

『カーネーション』が私の心を打ったのは、何よりも、生と死という二元論を超えた地点に成立するドラマだったからだと思う。東日本大震災が起こった二〇一一年の秋から放送された本作は、全編を通じて「人はみな死ぬ、でも死は喪失ではない」というメッセージを伝え続けた。

　糸子の父は温泉旅行中に亡くなり、第一二週は冒頭で父・善作の幽霊が小雨のなかで消えていく切ないシーンから始まる。しかし週半ばには、幽霊のように姿は見せないものの、善作は糸子の窮地を救う。戦争中に武器製作のために金属類を強制的に供出させられる中、糸子も商売道具のミシンを供出するよう迫られる。思い悩んだ糸子は、仏壇に飾られた父の遺影に向かって手を合わせ、「なあ、教えてや、お父ちゃん……どない

したらええんよ……」とつぶやく。ふと気づけば長女の優子も手を合わせている。善作は生前、優子の散髪に反対していたため、優子の髪は長い。糸子は思い立って優子の髪を切る。気に入らない優子は隣の電気店に駆け込んで意見を求めるが、そこには軍服工場の経営者がいた。そこから糸子は軍服を縫うことでミシンの供出を免れることを思いつき、善作の遺影に向かって「お父ちゃん、ミシン、どないかなりそうです。お父ちゃんが教えてくれへんさかい、うち、自分でどないかしてんで」と報告する。

ところがここからドラマの逆回転が始まり、そもそもお父ちゃんが優子の散髪に反対していたおかげで巡り巡って軍服に行きついたことが示される。おそらくこの「巻き戻し」は糸子の脳内で起こったのだろう。糸子は、「やっぱし、お父ちゃんか……」と心の中でつぶやく。善作の生前と死後が決して断絶したものではなく、善作がいたからこそ、この窮地を脱することができたのだと糸子は思うのである。

そして尾野真千子編の最終回では、糸子の商売上のパートナーである北村（ほっしゃん）が、周囲の人間が死んでいくのを見送り続けるのは辛いから一緒に東京に行こうと糸子を誘う。しかし糸子は言う。「うちは無くさへん。相手が死んだだけでな～んも無くさへん」「うちは宝抱えて生きていくよって」その言葉を裏付けるように、階下で行われている宴の最中に、糸子の母・千代（麻生祐未）は縁側に死んだ夫・善作の姿を幻視し、お酌をする。『カーネーション』の中でも屈指の美しいシーンである。

こうしたシーンは、生と死が断絶ではなく連続であることを実感させ、糸子役が尾野真千子から夏木マリに代わった終盤では、「おはようございます。死にました」という、ヒロインが自分自身の死を告げる、テレビ史に残る名ナレーションへと結実する。死んだ糸子は、残された娘たちに「泣かんでええ。うちはここにおる」と語りかける。

このドラマを通じて、死は決して終わりや喪失ではなく、人は死者とともに生きるのだという思想が、人びとの心に深く沁み込んでいったのではないだろうか。だから『カーネーション』が東日本大震災が起こったまさにその年の秋から放送が始まったことの意味は、とても大きかったと思うのである。

3．二元論を超えて——ドラマにできること

『カーネーション』は生と死だけではなく、さまざまな二元論を超えていくドラマだったと言える。ここでは男性／女性という二元論について考えてみたい。

本作は、糸子を単なる男まさりでがさつな女として描いたわけではなく、半年にわたる放送の中で、糸子の女性性が発露する瞬間を一点に集中させて印象深く描いた。洋装店の経営者として敏腕をふるっていた糸子は、夫が戦死した後、妻子ある周防龍一（綾

野剛）と恋に落ちる。今でいう「不倫」である。洋裁を天職としながらも、それまでなぜか和服で通していた糸子が、周防さんのために初めてやさしい色合いの洋服に身を包んで華やぐシーンは鮮烈だった。周防さんという、エロスとタナトスを具現化したような儚《はかな》げな存在に全国の女性は糸子とともに胸をときめかせたが、周防さんを自らの経済力で囲い込もうとしていたことに気づいた糸子は身を引くことを決意する。女性性を初めて発露させながらも、男社会で闘ってきた糸子のメンタリティーは（ひょっとすると男性以上に）オヤジ化していたのだ。恋をすることで、糸子の男性性と女性性がともにマックスになるという、なんとも残酷で切ない展開である。

けれどもこの恋を経て、糸子は確実に変容していったと思う。私には、糸子が、女性性と男性性の両方を受け容れて、女性／男性という二元論を超えていったように見えた。そもそも糸子は、女だからという理由で大好きなだんじりを引かせてもらえず、自分にとってのだんじりとしてミシンに出会ったのだった。そして夏木マリ編になってからは若い「あほぼん」たちや周囲の人間たちを従えて、糸子自身が、男も女も区別なく曳けるだんじりになっていったのではないだろうか。

『カーネーション』が描いたのは、そうした二元論の固定観念を超えて、人として豊かに生きることのかけがえのなさだったと思う。私たちの日常を揺さぶるこんなにも深い内容が、それまで「ながら見」の対象とされてきた朝ドラで描けたこと自体、奇跡ではないだろうか。

私たちは二元論に陥りがちだ。常に人や物事を白か黒か、男か女か、生か死か、善か悪かに振り分けて安心する。しかし『カーネーション』は、私たちの生が（そして死さえも）グラデーションの中にあるからこそ豊かなのだと教えてくれた。そして糸子の洋服が着る人に品格と誇りを与えたように、このドラマもまた、ポスト震災の世界でドラマが人間の品格と誇りを描きうることを教えてくれたと思う。

東日本大震災後、しばらくの間、娯楽は社会から姿を消し、テレビではACジャパンのCMが流れ続けた。しかし人の心を癒すのは、エンターテインメントだと思う。『カーネーション』は、「人はみな死ぬ、でも死は喪失ではない」というメッセージを伝え続けることによって、大切な人を亡くした人びとの心の深いところに、ドラマにしかできないやり方で触れた稀有なドラマだったのではないだろうか。

本書に収録したコラムが毎日新聞に連載されたのはほぼ新型コロナウイルス（COVID‐19）によるパンデミックの期間と重なるが、自粛期間中も含めて質の高い番組が多数制作されたことは、本書を読めばわかっていただけると思う。過去の名作ドラマの再放送も含めて、フィクションの世界は私たちのストレスを癒してくれたし、コロナ禍をめぐる優れたドキュメンタリーは貴重な記録となったのではないだろうか。

二〇二四年は令和六年能登半島地震で始まった。『カーネーション』のようなドラマが被災した人びとを支えてくれることを心から祈っている。

第5章

二〇二一年度上半期

――深まる分断と不安の時代

第26回　老いの世界を問うドラマ――『俺の家の話』

（二〇二一年四月七日）

宮藤官九郎脚本による『俺の家の話』（ＴＢＳ）は親の介護をめぐる秀逸なドラマで、老いや認知症について深く考えさせられた。（以下ネタバレを含む。）

『俺の家の話』は能楽・観山流宗家の観山寿三郎（西田敏行）と、その息子でプロレスラーの寿一（長瀬智也）を中心とする物語だ。寿三郎は脳梗塞《のうこうそく》で倒れ自宅で介護されるうち、認知症の症状が出始める。寿一は観山流宗家を継ぐことを決意するのだが、最終回で思いがけない展開となる。寿三郎ではなく、寿一のほうがプロレスの引退試合で死んでしまうのだ。ところが、寿三郎の前に寿一の亡霊が現れる。息子を捜す狂女が息子の亡霊に出会う能「隅田川」の上演に重ねて、父と息子の生と死の境界を超えた対話が温かく描かれ、感動的なエンディングとなった。

寿一が本当に亡霊となって現れたのか、認知症の寿三郎が見た幻影だったのかはわからない。そもそも亡霊とはそういうものだろう。亡霊はそれを見た人だけのものなのだ。ここで重要なのは、寿三郎が認知症で虚実の境界が曖昧《あいまい》になっていたからこそ、寿一の亡霊に会えたのかもしれないということだ。

このシーンを見て、村田喜代子の『エリザベスの友達』を思い出した。この小説では、認知症で介護施設に入っている初音の姿が、娘たちの視点から描かれる。初音は名前を尋ねられて「エリザベス」と答えるのだが、娘たちには意味がわからない。実は初音には、戦争中に中国の天津《テンシン》にあった日本人租界で自由な生活を謳歌《おうか》していた過去がある。認知症の初音は、幸福だった天津時代を生きているのだ。エリザベスとは、清国を追われ、後に満州国の皇帝となる溥儀《ふぎ》の妻・婉容《えんよう》の愛称であり、華やかな天津租界の象徴である。初音が住み始める前に彼らは天津を去ったため、初音は会ったことがないはずだが、自分と他者の記憶の境界も曖昧になっているのだ。

認知症の親族の介護は大変な苦労を伴うが、認知症の老人が、その内面では思いがけなく豊かな世界を生きているかもしれないということを、『俺の家の話』も『エリザベスの友達』も教えてくれる。それは私たちの生きる現実とは異なる世界だが、その世界への想像力を持ちたいと思わされた。

第27回　「流行感冒」が訴える文化芸術──『流行感冒』

（二〇二一年五月一二日）

四月一〇日にNHK・BSプレミアムで、志賀直哉の短編小説を原作とするドラマ『流行感冒』が放送された。

時は大正七（一九一八）年。流行感冒（スペイン風邪）が流行し始め、最初の子どもを病気で亡くした小説家の「私」（本木雅弘）は幼い娘の佐枝子のことを過剰に心配し、すべてに疑心暗鬼になる。そんな中、旅役者の一座が村にやってくる。「私」は女中の石（古川琴音）ときみ（松田るか）に観劇を厳しく禁じるが、大の芝居好きの石は我慢できずに行ってしまう。「行かなかった」と嘘をついた石に「私」は暇を出そうとするが、思いとどまる。やがて当の「私」が植木屋から感染してしまい、妻（安藤サクラ）や佐枝子にうつしてしまう。すると石は身を粉にして健気に働き、「私」は石への信頼を取り戻す。

脚本を担当した長田《おさだ》育恵は、現在のコロナ禍の状況を巧みに取り入れている。マスクをしていない者を警察が取り締まったり、居酒屋が閉店に追い込まれたりもする。「私」は村芝居に集まる観衆の「密」な状態を想像し、悪夢にうなされる。が、舞台劇の劇作家でもある長田がもっとも力を込めて描いたのは、芝居小屋で女中の石は感染せず、逆に過剰に防御していた「私」が、感染が下火になった途端に油断して感染してしまうという展開だったのだと思う。

コロナ禍の渦中で、どの劇場も感染対策や換気を徹底し、クラスターを起こさないよう万全の注意を払っているものの、文化芸術は厳しい状況に置かれている。しかし感染を拡げるのはむしろ個々人の気の緩みなのではないか。

コロナ禍で読み直されているアルベール・カミュの小説『ペスト』で、語り手である医師リウーは、ペスト流行中でも市民は自分で用心をせず、取り引きを続け、旅行の準備をし、自ら自由であると信じていたが、実は何びとも自由ではありえなかったのだと語り、彼らの想像力の欠如を指摘する。

現在の私たちも、日常生活のなかでいかに自分を律し他者を想うかが大事なのではないだろうか。そして、その名のとおり、常に硬い表情の石が芝居のまねごとをするときだけ生き生きするように、文化芸術は、コロナ疲れの私たちに潤いを与えてくれると思うのである。

〈追記〉この時はまだドラマの脚本家としてはほとんど無名だった長田育恵は、二〇二三年下期にＮＨＫ連続テレビ小説『らんまん』の脚本を担当し、高い評価を得た。この『流行感冒』の実績があってこその朝ドラの成功だったのではないだろうか。

第28回　「古畑」を息づかせたすごさ――『古畑任三郎』と田村正和

（二〇二一年六月九日）

俳優の田村正和さんが亡くなった。主演作品は星の数ほどあれど、田村さんが唯一無二の存在であることを強く印象づけたのが『古畑任三郎』シリーズ（フジテレビ）だった。冒頭で犯人がわかる倒叙ミステリー、つまり『刑事コロンボ』方式のドラマだ。派手なアクションの代わりに古畑と犯人との対話劇を中心に据えた三谷幸喜の脚本は斬新で秀逸だった。

そして本作が大成功した要因は、間違いなく田村さんの不思議な佇まいにもあった。卓抜な知性とおよそ刑事らしくない優雅な身のこなしに加えて、ドラマの枠を超えて視聴者に直接語りかける謎のカメラ目線。あの古畑をなんの衒《てら》いもなく自然に演じられる俳優を、田村さん以外に思い浮かべるのは難しい。古畑は、引きずる過去も家庭生活もプライバシーも一切見せず、ドラマが放送される間だけ虚実のあわいにふっと現れる妖精のような刑事だった。「うちのカミさんが……」が口癖のコロンボとは決定的に違うのだ。

しかしそんな美しい佇まいとは裏腹に、古畑の哲学は硬派である。遊園地の観覧車に時限爆弾を仕掛ける犯人役を木村拓哉が演じた「赤か、青か」のエピソードは特に有名だ。終盤で古畑は、身勝手な動機を口にした犯人を平手打ちする。古畑は絶対的な正義の体現者であり、善悪の判断が揺らぐことはなかった。

古畑任三郎が初めて登場したのは一九九四年だが、実は九〇年代に刑事ドラマは大きく変貌した。アメリカでは、九〇年のデヴィッド・リンチ監督『ツイン・ピークス』や九五年のデヴィッド・フィンチャー監督『セブン』に代表されるように、犯人を追う刑事自身が心を病んでしまうドラマや映画が次々と登場する。日本でも、九五年の飯田譲治脚本『沙粧《さしょう》妙子――最後の事件――』（フジテレビ）など、刑事が心の闇を抱えるサイコサスペンスドラマが登場して注目を集めた。そんな刑事たちにとって、迷わず善悪を判断し正義を貫くのは、容易なことではなかった。

そんな中、古畑任三郎が絶対正義を貫徹できたのは、彼が過去やプライバシーを一切見せず、心の内をさらけ出さない刑事だったからではないだろうか。そして来歴や私生活を一切持たぬ人物をリアルに息づかせたところに、俳優・田村正和のすごさがあったと思うのである。

第29回　日常を彩る雑談の効用――『大豆田とわ子と三人の元夫《もとおっと》』

（二〇二一年七月七日）

コロナ禍で雑談の効用について改めて考えている。私自身は移動の時間も労力も節約できるオンライン会議を重宝しているのだが、オンライン会議の最大の欠点は雑談がしにくいことではないかと思う。オンライン会議だけではない。会食や飲み会をしなくなって、人と一緒に飲食ができないこと自体よりも、雑談の機会が減ったことに多くの人びとはストレスを感じているのではないだろうか。

そんなことを思うのは、六月一五日に終了したドラマ『大豆田とわ子と三人の元夫』（フジテレビ系、関西テレビ制作）を秀逸な「雑談ドラマ」として見たからだ。

本作は、ドラマチックなシーンで人を感動させるのではなく、非日常的な出来事も日常の言葉に落とし込み、まるで雑談のようにさりげなく語るドラマだった。そこには、雑談は決して無駄ではないという思想が込められていたと思う。実際、人生を左右する大きな出来事や災難が起こっても、私たちは日々の雑談のなかでそれを消化したり、反省したり、笑い飛ばしたりしながら乗り越えてきたのではないか。

『大豆田とわ子と三人の元夫』
（写真提供：関西テレビ）

考えてみれば、日本のテレビドラマは日常会話を大事にしてきた。山田太一の『岸辺のアルバム』（TBS、一九七七年）や向田邦子の『阿《あ》修羅《しゅら》のごとく』（NHK、一九七九～八〇年）といった傑作ドラマでも、家族の何気ない会話から思いがけなく重厚なドラマが立ち上がったものだ。ときには雑談の中にふと家族の亀裂が顔をのぞかせることもあった。

たとえば『阿修羅のごとく』では、父の浮気について話し合うために四姉妹が集まるのだが、盛り上がるのは、固くなってひび割れた鏡餅が母のかかとに似ていたとか、他愛のない話題だ。ところがその雑談に、一見仲がよさそうな姉妹の間にかすかに流れる不協和音が垣間見える。

往々にして、雑談ドラマでは本当に大事なことは言葉では語られず、私たちは何気ない会話の向こう側の「語られないこと」に想いを馳せる。それは派手なストーリー展開と過剰な説明でぐいぐいと物語を推し進めていく海外ドラマの作り方とはまったく異なる方法だ。しかしコロナ禍の今、ドラマのなかの何気ない日常会話は、私たちがどれほど日々の雑談を大事にしてきたかということに、改めて気づかせてくれる。

第30回　今響く『いだてん』の言葉
――『いだてん～東京オリムピック噺～』

（二〇二一年八月四日）

東京オリンピック2020開会式前日の七月二二日、NHK大河ドラマ『いだてん』（二〇一九年）の総集編が放送された。『いだてん』は日本人で初めてオリンピックに出場したマラソン選手・金栗四三を前半の、一九六四年の東京オリンピック招致の立役者・田畑政治《まさじ》を後半の主人公に据え、日本のオリンピックの歴史を、当事者と庶民両方の視点を織り交ぜて描いた傑作だった。

このコラムでも以前取り上げたように、『いだてん』で描かれた、日本のオリンピックの父と言われる嘉納治五郎らが、「平和の祭典」というオリンピック本来の意義を掲げて日本にオリンピックを根づかせようと尽力する姿は感動的だったし、人見絹枝ら女子選手が活躍できるようになるまでの道程には胸が熱くなった。そこにはまさに、知られざる日本のオリンピックの歴史が息づいていた。

その一方で、『いだてん』にはオリンピック招致をめぐる葛藤も描かれていた。たとえば

第37話では、一九三七年三月の国会で質問に立った河野一郎がこう発言している。「一触即発の日中関係と平和の祭典！　国防費のためにと国民に我慢と緊張を求める一方でオリンピックというお祭りを開催するという。この相反する二つに対して国民に説明できないのであれば、この国でオリンピックを開催する資格はない！」。結局、同年七月の盧溝橋《ろこうきょう》事件を契機に日中全面戦争が始まり、日本は一九四〇年に東京で開催されるはずだったオリンピックの開催権を返上する。『いだてん』放送時には、東京オリンピック２０２０がコロナ禍により延期され、賛否両論渦巻く中で開催されるとは予想だにしていなかったが、今でこそリアルに響くセリフだろう。

最終話で一九六四年の東京オリンピックの閉会式を終えた田畑に、治五郎の声が聞こえる。「これが、君が世界に見せたい日本かね」。田畑は短い沈黙ののち答える。「……はい。いかがですか？」。それに対して治五郎は言う。「面白い、実に面白い！　田畑、私は、改めて君に礼を言うよ。ありがとう」

オリンピック選手たちの爽やかな活躍はコロナ疲れの私たちを元気にしてくれる。しかしこの祭典が終わった時、私たちは真摯に問いかける必要があるのではないだろうか。「これが、私たちが世界に見せたい日本なのか？」と。

第31回　命令に背いた姿に学ぶ
――『ラストメッセージ〝不死身の特攻兵〟佐々木友次伍長』

（二〇二二年九月一日）

終戦記念日の八月一五日、『ラストメッセージ〝不死身の特攻兵〟佐々木友次伍長』（テレビ朝日）が放送された。二〇一八年に『テレメンタリー2018』で放送された内容に、追加取材を重ねたドキュメンタリーである。

第二次大戦中、当時伍長だった佐々木友次は操縦の腕を買われて陸軍最初の特攻隊である「万朶《ばんだ》隊」に配属された。ところがルソン島から九回飛び立つも九回とも生還し、二〇一六年に北海道で九二歳の長寿を全うして亡くなった。

奇跡のような話である。というのも、本来特攻機は爆弾を投下する機能が排除され、体当たりするしかない構造となっていたからだ。

ところが万朶隊隊長の岩本益臣《ますみ》大尉は、操縦者も飛行機も足りない状況で一度だけの攻撃で終わるのは不合理と考え、改造して爆弾を投下可能にした。「決して無駄な死に方をしてはいかんぞ」という若き岩本大尉の言葉は、二一歳の佐々木伍長の胸に深く刻まれた。その岩本大尉は、出撃の前日にマニラの軍司令部から「宴会のために」呼び出しを受け、中尉らを連れて五人で向かう途中、米軍に襲撃されて亡くなったという。

佐々木は一九四四年一一月一二日に初めての出撃を果たす。戦果は大本営によって大だい的に発表された。佐々木は名誉の戦死を遂げたとされ、故郷北海道では「軍神」と崇《あが》められて大きな葬儀が営まれた。

その後、佐々木は上官からひたすら「今度帰ったら承知せんぞ」、「死んでこい」と叱咤《しった》され続け、一二月一八日までのわずか一か月余りの間に九回の出撃を命じられ、「処刑飛行」とも囁《ささや》かれたという。

同じく生還した元特攻兵の中村真は、自分たちが「命中率」でしか語られず、節分の豆のように空にまかれ、人間扱いされなかったと述べる。人間の尊厳や生命が重んじられていれば、そもそも特攻隊は発想されなかっただろう。

しかし上官の命令には絶対服従だったはずの軍隊において、命令に背いて生き延びた兵士がいたという事実は重要だ。もちろん佐々木も戦争自体に反旗を翻したわけではなく、爆弾を投下し攻撃に加担したこともまた事実である。それでも、「国に命を捧げる」という当時の英雄的で支配的な価値観から逸脱し続けた行為からは、学ぶべきものがあると思うのである。

第32回　ドラマが映す家族像の進化――ホームドラマ

（二〇二一年九月二九日）

「お茶の間」が死語となって久しく、お茶の間で家族揃ってホームドラマを見るという文化はもはや遠い昔のことなのかもしれない。しかしホームドラマは、日本の家族像の形成に少なからぬ影響を与えてきたのではないだろうか。年配の世代なら『ありがとう』や『肝っ玉かあさん』、『時間ですよ』や『寺内貫太郎一家』を見たことがあるだろう。若い世代でも、『渡る世間は鬼ばかり』を知っている人は多いと思う。

「ホームドラマ」は和製英語である。ホームドラマは、アメリカのシットコム（シチュエーションコメディ）の影響を受けつつも、独自のジャンルとして日本のテレビ史の中で大きな役割を果たしてきた。日本でホームドラマが人気を博した一因には、戦後復興があったと言われている。さまざまな問題について家族が気持ちをぶつけ合い、絆を再確認して乗り越える姿が、明るく民主的な新しい家族像として提示され、目指すべきモデルとなったのである。

しかしテレビ放送が始まってから七〇年近くの間に家族のあり方は大きく変貌した。一九六三年には「核家族」が流行語となり、七〇年代後半からは山田太一や向田邦子が家族の秘密や崩壊を鋭く抉《えぐ》り出す脚本を書き、八〇年代には鎌田敏夫が団塊世代の不倫を描いた。ホームドラマは形を変えながら、その時どきの家族像をリアルに描いてきたと言える。

宣伝のようで恐縮だが、館長を務めている早稲田大学演劇博物館で、一〇月一一日から「家族の肖像——石井ふく子のホームドラマ」展を開催する。

石井ふく子は、プロデューサーとして日本のホームドラマを半世紀以上にわたって牽引《けんいん》してきた。当然のことながら、石井ドラマも時代とともに変容した。けれどもその根底には「人情」というどこか懐かしい情感が一貫して流れ続けているように思う。人はさまざまな事情や、やむにやまれぬ思いを抱えながら、それでも他者を思いやり、関係をつなぐ努力をしてきたのだ。

格差と分断が日本の社会を覆う現在、人と人との結びつきが希薄化する一方で、コロナ禍による自粛生活は、むしろ家や家族に改めて目を向けさせたのではないだろうか。

ニューノーマルの世界で、ホームドラマが描く家族像がどんなふうに進化するのか、注視していきたいと思う。

幕間エッセイ

それでもドラマは「日常」を描く

はじめに――日本のホームドラマ

「第32回　ドラマが映す家族像の進化――ホームドラマ」で日本のホームドラマについて概観したが、ここでは石井ふく子の作品を中心に、日本独自のテレビ文化として発展してきたホームドラマの変遷をもう少し詳しく見てみよう。

第32回でも述べたように、ホームドラマは、アメリカのシットコム（シチュエーションコメディ）の影響を受けつつも、独自のジャンルとして日本のテレビ史の中で大きな役割を果たしてきた。テレビ評論家のこうたきてつやは、日本のホームドラマは戦後のアメリカ民主主義と文化生活への憧れを反映していたと指摘し、『肝っ玉かあさん』シリーズ（TBS、一九六八～七二年）などを経て、『ありがとう』（同、一九七〇～七五年）でピークを迎えたと述べている（「テレビドラマと家族――テレビドラマ史・作家の視点から」『GALAC』二〇二一年一〇月号）。こうたきによれば、これらのドラマでは「家族のなかに起きたいろいろな問題を、家族でとことん話し合って解決していく」点に特徴がある。さまざまな問題について家族が率直に気持ちをぶつけ合うことで問題を乗り越える姿が、明るく民主的な新しい家族像として提示されたのである。テレビは日本が高度成長期へと突き進むなかで瞬く間に普及し、お茶の間で家族全員で見る日常的なメディアとなった。ホームドラマはダイレクトに家族の幸福のあり方を問いかけたのである。

東芝日曜劇場『女と味噌汁』

日本のホームドラマを六〇年以上にわたって牽引してきたのが石井ふく子である。石井は一九五八年の『橋づくし』を皮切りに、九〇歳を超えた現在に至るまで現役プロデューサーとして膨大な数のホームドラマを手がけてきた。とりわけ「東芝日曜劇場」が人気を博して長寿番組となったのは、石井の貢献によるところが大きい。東芝日曜劇場は、一九九三年に連続ドラマ枠となるまで単発ドラマを放送したが、人気ドラマはシリーズ化されて繰り返し放送された。石井が手がけたドラマには、シリーズ化されたものが多い。

そうしたドラマのうちで忘れがたいものの一つに、一九六五年から八〇年まで放送された、平岩弓枝脚本による『女と味噌汁』がある。東京は新宿に近い花柳界・弁天池で、しっかり者の芸者てまりこと宮戸千佳子（池内淳子）は、お座敷がはねた後、ライトバンで移動味噌汁屋を営んでいる。いつか自分の力で小料理屋を開くのが夢だ。お座敷やライトバンで出会う男たちや周辺の人びととの間に起こる出来事や問題を、てまりは持ち前の才覚と人間味で乗り越えてゆく。芸者の視点から家族のあり方や女の生き方を捉え直す物語は新鮮で、芸者屋「はなのや」の女将《おかみ》すが（山岡久乃）や妹分の芸者・小桃（長山藍子）らとの人情味溢れる交流も視聴者の心を捉え、東芝日曜劇場の名物シリーズの一つとなった。

『ありがとう』

言うまでもなく、東芝日曜劇場以外でも、石井は数かずのヒット作を生み出してきた。その代表格が『ありがとう』（一九七〇〜七五年）だろう。平岩弓枝の脚本による同作は、母と娘の関係を中心に昭和の家族や地域の人びととの濃密な結びつきを明るく描き、民放ドラマ史上の最高視聴率56・3パーセントを記録して「お化け番組」と称された。

全4シリーズのうち、第1シリーズから第3シリーズまでは、当時既に「三百六十五歩のマーチ」が大ヒットしてチータの愛称で親しまれていた演歌歌手の水前寺清子が主演を務め、それぞれ警察官、看護師（当時は看護婦）、魚屋の娘を演じ、山岡久乃が母親を演じた。第4シリーズでは佐良直美と京塚昌子が母娘を演じた。水前寺の飾らないナチュラルな演技は視聴者の共感を呼び、ヒロインの恋人役は、一貫して、NHK大河ドラマ『天と地と』で主役を演じて大スターの仲間入りを果たしていた石坂浩二が演じて人気を博した。

このドラマに石井が込めたのは、「ありがとう」という言葉が家族や社会の潤滑油になりうるという思想だった。それを「感謝の気持ちを伝えよう」などと翻訳してしまうと道徳の教科書のようになってしまうのだが、「すみません」や「どうも」ではなく「ありがとう」という言葉を相手に対して衒《てら》いなく発すること自体が大事だったのだと思う。『ありがとう』が放送された一九七〇年代前半は、一九七二年の連合赤軍によるあさま山荘事件と山岳ベース事件によって一九六八年を中心に巻き起こった学生運動が失速し、その反動で「無気力・無関心・無責任」の三無主義や「シラケ世代」と呼ばれる若者たちが登場した時代であった。そんな中で「ありがとう」という言葉を口にすることの大切さを正面切って訴えるドラマが広く受け入れられたことは特筆に値する。

その一方で、こうたきは、「ありがとう」シリーズの人気がピークを迎えた七〇年代初頭に、「話し合いですべてが解決する家族」像へのアンチテーゼとして、「アットホームドラマへの異議申し立て」をするドラマが登場したと指摘している。

実際、七〇年代以降、家族のありようは大きく変貌していく。ドラマにおいても、一九七〇年には『お荷物小荷物』という沖縄問題を盛り込んだ実験的なホームドラマも生まれ、七〇年代後半からは山田太一作『岸辺のアルバム』や向田邦子作『阿修羅のごとく』など家族の秘密や崩壊を鋭く抉り出すドラマが登場する。山田や向田のドラマは、それまでのホームドラマでは決して描かれることのなかった主婦の性にも踏み込んだ。一九八三年には鎌田敏夫が『金曜日の妻たちへ』で団塊世代の不倫を描き、「不倫」が流行語となった。八〇年代後半からは、バブル経済の影響下に、若い男女の恋愛を描いた華やかな「トレンディドラマ」が主流となり、ホームドラマ自体、日本のドラマの主流ではなくなっていく。

　そんな逆風の中でスタートしたのが、まさにホームドラマの代名詞となる『渡る世間は鬼ばかり』だった。

『渡る世間は鬼ばかり』

『渡る世間は鬼ばかり』（以下『渡鬼』、一九九〇～二〇一九年）は、橋田壽賀子《すがこ》脚本による国民的人気ドラマである。全一〇シリーズで、スペシャル版を含めれば、約三〇年にもわたる長寿ドラマとなった。

　岡倉大吉（藤岡琢也、宇津井健）・節子（山岡久乃）夫妻と五人の娘たち、弥生（長

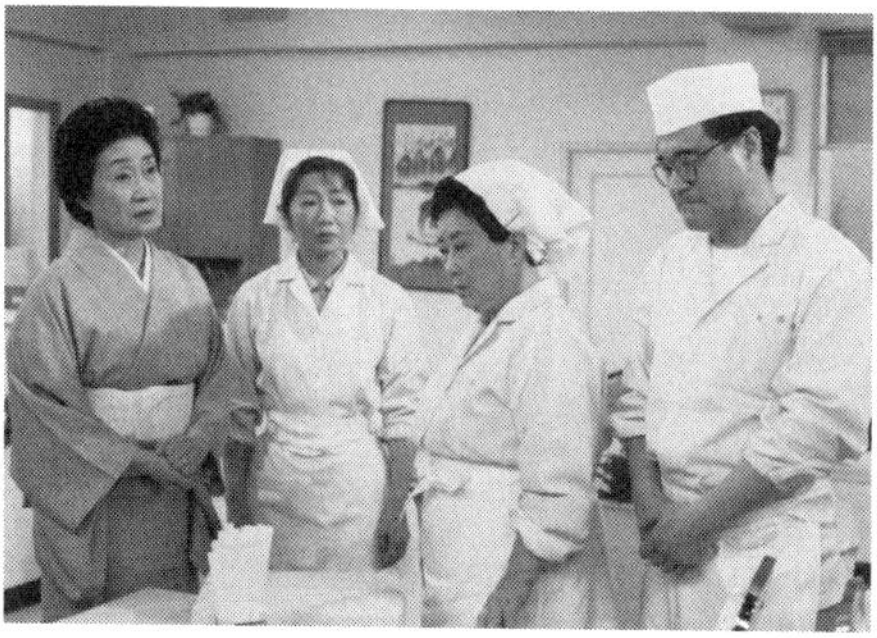

『渡る世間は鬼ばかり』
（写真提供：TBSテレビ）

山藍子）、五月（泉ピン子）、文子（中田喜子）、葉子（野村真美）、長子（藤田朋子）、そしてそれぞれの婚家や周囲の人びととの間に巻き起こる出来事を軸に、家族が抱えるさまざまな問題と登場人物たちの悲喜こもごもを巧みに描き続けた。とりわけ五月と嫁ぎ先の中華料理店「幸楽」の姑・キミ（赤木春恵）との嫁姑問題、実家と婚家の対立や価値観の相違はしばしば深刻な問題としてリアルに描かれ、主婦層を中心に視聴者の共感を呼んだ。

平成二年に始まり、平成から令和へと変わる年に終了した『渡鬼』は、まさに平成の申し子だった。では、平成とはどのような時代だったのか。『渡鬼』が始まった平成二（一九九〇）年は、表面的にはバブル経済絶頂期だったが、その一方で湾岸戦争の光景がお茶の間に配信された年でもある。翌年バブル経済は破綻し、一九九五年には阪神淡路大震災と地下鉄サリン事件が起こり、社会全体が不穏な空気に包まれていく。そうして日本はのちに「失われた二〇年」（あるいは「三〇年」）と呼ばれることになる長い低迷期へと突入する。二〇〇八年にはリーマンショックが起こって世界的な大不況が訪れ、二〇一一年には東日本大震災と東京電力福島第一原子力発電所の爆発事故が起こる。『渡鬼』が放送された平成はそのような時代だった。

そんな不穏な時代にこのホームドラマが支持を集め長年にわたって愛されてきたのは、本作が切り取ってきた家族の問題が普遍的であったからのみならず、ホームドラマの王道という体裁をとりながら、実は家族の分かり合えなさをも描いてきたからではないかと思う。『渡鬼』では、岡倉の夫婦や娘たちの嫁ぎ先で、家族をめぐる問題が同時多発的に勃発し大小さまざまな渦を巻くのだが、それらは必ずしも解決するわけではない。それどころか解決しないままに登場人物たちを複合的な渦に巻き込み、むしろそれらの問題を推進力に物語が怒濤のごとく進んでいくのである。石井・橋田ペアは決して同じようなホームドラマを延々と作り続けていたわけではなく、時代に合わせてアップデートしていたと言えるだろう。

橋田の長ゼリフは、「主婦が家事をしながら耳だけでわかるように」書かれたと言われるが、どんなに言葉を尽くしても分かり合えない家族像もまた膨大なセリフの向こうに見えてくるのである。ここには「話せば分かる」という楽天的で単純な思想はもはや見られない。

もちろん本作の底流には、決してブレることなく「家族の絆」の大切さがあるし、登場人物たちそれぞれがいかに多くの問題を抱え、いがみ合ったとしても、人を思いやる温かさを求める心情に胸を打たれもする。しかし「家族の絆」を求めるからこそ困難さを逆説的に描き、家族というものの厄介さをこれでもかと見せてくれるその描写力に、視聴者をとりこにした中毒性があったのではないだろうか。

おわりに

このように見てくると、石井ドラマは常に時代の趨勢《すうせい》に抗いつつ、アップデートしながら作られてきたことがわかる。（一九六三年に「核家族」という言葉が流行語となったが、石井がプロデュースした『ただいま11人』が始まったのは、翌六四年である。）それは移り変わる時代の中で失われゆく家族の絆を取り戻そうとする孤独な闘いだったのかもしれない。人はさまざまな事情や、やむにやまれぬ思いを抱えながら、それでも他者を思いやり、関係をつなぐ努力をしてきた。たとえ家族同士が分かり合えなくとも、石井ドラマが描いてきたのは、そのような努力を続ける人間への限りない愛情だったのだと思う。

少子化が進み家族のイメージも大きく変容しつつある現在、ホームドラマはかつての勢いをなくしたようにも見える。けれども介護や引きこもりなど、家族をめぐる問題は一層深刻さを増すとともに、コロナ禍を経て人と人の結びつきが希薄化し、格差と分断が日本の社会を覆っているように思われる。

そんな中で宮藤官九郎の『俺の家の話』や金子茂樹の『俺の話は長い』、『コタツがない家』のような新しい形のホームドラマは、私たちの家族観を更新し、改めて家族について考えさせてくれる。ホームドラマは、形を変えながら、これからも私たちの日常を描き続けていくのではないだろうか。

※本稿は、筆者が館長を務めていた早稲田大学演劇博物館で「家族の肖像——石井ふく子のホームドラマ」展を開催した折に、民放 online に寄稿した記事（二〇二一年一〇月二七日掲載）を基に、修正・加筆したものである。
「家族の肖像——石井ふく子のホームドラマ」https://minpo.online/article/post-38.html

第6章

二〇二一年度下半期

——新時代の萌芽

第33回　実直な女性の活躍も見たい
──『二月の勝者─絶対合格の教室─』『イチケイのカラス』

（二〇二一年一〇月二七日）

先日、『二月の勝者─絶対合格の教室─』（日本テレビ）が始まった。本作は高瀬志帆の同名漫画を原作とするドラマで、柳楽優弥演じるスーパー塾講師の黒木蔵人が「中学受験は課金ゲーム」、「親はスポンサー」といった、一見ドライで拝金主義的な発言をしながら、実は型にはまらないやり方で生徒の能力を伸ばしてゆくらしい（まだ2話までしか放送されていない）。そして黒木に翻弄されながら影響を受けていく、真面目で熱心な同僚・佐倉麻衣を井上真央が演じている。柳楽、井上や子役たちの好演もあってこの先の展開が楽しみだ。

型破りな男性主人公が常識を覆すやり方で現状を打破し、真面目で常識的で勤勉な女性を感化していくドラマはこれまでにもあった。『リーガルハイ』や『イチケイのカラス』（ともにフジテレビ）といった法曹ドラマもすぐに思い浮かぶ。どちらも魅力的なドラマで、私も大ファンだった。

しかしこうしたドラマでは、真面目で常識的で勤勉であるというヒロインの性質は、四角四面で融通が利かないという負の側面が強調されがちだ。彼女たちが掲げる理想や正義を、型破りな男性主人公が一見非常識だけれど実は本質を突いた言動によって覆し、よりよい方向へと導いていく。社会の硬直したシステムに風穴を開ける主人公の活躍に私たちは胸を躍らせ、主人公に憧れたりもする。

そうしたドラマの魅力に異論はないのだが、では、真面目で常識的で勤勉であることはマイナスなのだろうか。そしてなぜそれは多くの場合女性登場人物なのか。そこのところが気にかかるのだ。

そもそも現状では、社会の中で女性が一定の地位を手に入れるためには、真面目に勤勉に人一倍努力することが男性よりも求められてしまうのではないだろうか。そして女性が正論を振りかざすと煙たがる男性も一定数いるのではないか。

男女二元論で語ること自体硬直していると言われればそれまでだし、型破りなスーパーウーマンが活躍するドラマもある。それでも、『リーガルハイ』が最終的にそうなっていったように、実直に努力してきた真面目な女性が社会を変えるようなドラマも見たい。そういう女性たちが魅力的な存在として肯定されてほしいと思うのである。

第34回　向田美学の女性たち――『あ・うん』

（二〇二一年一二月一日）

今年は向田邦子の没後四〇年である。一一月二八日は誕生日で、生きていれば九二歳だ。向田は、脚本家として『寺内貫太郎一家』（一九七四年、ＴＢＳ）などのホームドラマを経て、『阿修羅のごとく』（一九七九年）、『あ・うん』（一九八〇年、ともにＮＨＫ）などの傑作ドラマを次々と生み出した。小説家やエッセイストとしても活躍し、一九八〇年には『思い出トランプ』に収録された短編「かわうそ」「花の名前」「犬小屋」の3作で直木賞を受賞した。しかしまさに絶頂期の一九八一年、取材旅行中の台湾で飛行機事故に遭い、不帰の人となった。

今年は没後四〇年ということで、一月に記念イベント「いま、風が吹いている」が開催され、また雑誌の特集も組まれた。私も記念のドキュメンタリーや雑誌に参加させていただきながら、今なお衰えぬ向田人気を実感した。

七〇年代後半以降の向田のドラマには、家族の日常を細やかに描きながら、ふとした瞬間に人間の業を抉り出してしまうような怖さがあった。

『あ・うん』
（写真提供：NHK）

とりわけ向田脚本のすごさは、家族のドラマに性を、それも主婦の性を持ち込んだことにあったと思う。たとえば『あ・うん』では、水田仙吉（フランキー堺）と門倉修造（杉浦直樹）は狛犬《こまいぬ》と称されるほどの親友だが、実は水田の妻のたみ（吉村実子）と門倉は密かに惹かれ合っている。ある夜、旅館で仙吉、門倉、たみの三人がこたつに入って酒を飲むうち、男二人は眠ってしまう。たみはこたつの中で、そっとそっと門倉の足のほうに素足を伸ばすのだが、もう少しというところで足を止め、引っ込めてしまう。こたつの中での、誰にも見えないひそやかな一瞬に過ぎないのに、そこには匂い立つようなエロティシズムがあった。

向田ドラマの女たちは、性的な欲望に正直な瞬間があったとしても、踏みとどまったり引き返したりすることが多い。そこには、欲望のままに生きることをよしとしない向田の美学があったのではないか。彼女たちは、女性が今よりももっと不自由だった時代に、さまざまな出来事を経て、葛藤や欲望を抱えながら生きていく強さやしなやかさ、したたかさを獲得していったのだと思う。それは、女性を家に縛ろうとする昭和の価値観に抗いながら、凛として生きてゆく意志の表明だったのではないだろうか。

第35回　現実に向き合った制作者たち
――二〇二一年の死者と生きるドラマたち

（二〇二二年一月五日）

新年早々ではあるけれど、忘れないうちに昨年のドラマを振り返っておきたい。

二〇二一年も二〇年に続いてコロナ禍という暗雲に覆われた一年だったが、感染対策への配慮やさまざまな制約の中で、たくさんのドラマが制作された。見応えのある傑作・名作ドラマが多かったのは、制作現場が止まるという前年の非常事態を経て、ドラマの作り手たちが奮起した成果だろう。

また、東日本大震災から一〇年の節目を迎え、震災を取り上げたドラマも目立った。震災関連ドラマに優れた作品が多かったことも、記録にとどめておきたい。

二〇二一年のドラマは、なんらかの形で死者と生きる／対話するドラマが多かったように思う。

『俺の家の話』（二〇二一年一月二二日〜三月二六日、ＴＢＳ）では生と死の境界を超えて観山寿三郎（西田敏行）・寿一（長瀬智也）親子の情愛が描かれ、『大豆田とわ子と三人の元夫』（四月一三日～六月一五日、関西テレビ）では、主人公の大豆田とわ子（松たか子）が亡くなった親友かごめ（市川実日子《みかこ》）の気配を感じながら生きていくことが示された。

連続テレビ小説『おかえりモネ』（五月一七日～一〇月二九日、NHK）では、主人公のモネこと永浦百音（清原果耶）の亡くなった祖母が牡蠣《かき》や木に転生するなど、自然と生命の大きなサイクルが描かれた。

『ペペロンチーノ』（三月六日、NHKBSプレミアム、NHKBS4K）では、主人公・小野寺潔（草彅剛）が東日本大震災による痛手から再起するまで寄り添ってきた人物が実は震災で亡くなっていたことが、終盤で明かされる。

『その女、ジルバ』（一月九日～三月一三日、東海テレビ）では、主人公の笛吹新《うすいあらた》（池脇千鶴）が、自身にそっくりな、バーの創業者でブラジル移民のジルバの遺志を引き継いでゆく。

こうしたドラマが生まれたのは、おそらく東日本大震災から一〇年の節目であることや、コロナ禍で日常に死が影を落とす日々が続いたことと無縁ではないだろう。

二〇二一年は、ドラマの制作者たちが私たちの置かれた現実に真摯に向き合った結果、多くの素晴らしいドラマが生まれたが、二〇二二年はコロナ禍が収束してほしいと切に願っている。

第36回　気づきを促すおしゃべり――『ミステリと言う勿れ《なか》』

（二〇二二年二月二日）

　とにかくよくしゃべるのである。ドラマ『ミステリと言う勿れ』（一月一〇日から、フジテレビ）の主人公・久能《くのう》整《ととのう》のことだ。（ちなみに私は田村由美の原作漫画の大ファンで、初回をドキドキしながら見たところである。）菅田将暉演じる整は、身に覚えのない犯罪の容疑者として警察に連行されても取り乱すことなく、論理的に自らの潔白を主張するのはもちろん、さまざまなうんちくを披露したり、捜査には関係のない意見を淡々と語ったりもする。しかしただのおしゃべりではない。そのセリフが冴えわたっているのだ。

　たとえば、それはこんなシーンに表れている。伊藤沙莉《さいり》演じる巡査・風呂光聖子は、警察署の中でお飾りのように扱われている。自分の存在意義が見出せない風呂光に、整はこう言う。権力サイドにいるおじさんたちは徒党を組んで悪事を働いたり都合の悪いことを隠蔽したりする。でもそこに女の人が一人交じっていると、おじさんたちはやりにくい。だからおじさんたちに取り込まれたり脅されたり排除されてしまう。でも、そこにこそ、あなたがいる意味があるのだ、と。

世のおじさんたちの多くは、自分は違うと心外に思うだろう。実際、そうではないおじさんもたくさんいる。しかし働く女性たちの中には、こうしたことを感じたことがある人も、少なからずいるのではないか。おじさんたちも、別に徒党を組んで悪事を働かなくとも、正論を主張する女性のことを、「会議を長引かせて困る」などと思ったことはないだろうか。整の言葉は、異物として扱われがちな女性を、異物であれと励ますエールなのだと思う。女性ばかりが正しいとは言わないけれど、世の中では男性の集団的な論理で物事が進んでいくことがまだまだ多い。それだけに田村由美の原作漫画を読んだ時の感動は忘れがたい。漫画もドラマもフィクションに過ぎないが、だからこそ人の心に響くし力を持ちうるのではないだろうか。

これはある意味で残酷なドラマだ。整は淡々とした語り口で、人が気づいていないことや、なんとなく感じていても日々の生活の中で流していることに改めて論理的な考察を加え、気づきを促していく。だから目が離せない。

第37回　糾弾劇、対照的な姿に涙
──『ゴシップ　#彼女が知りたい本当の○○』

（二〇二一年三月九日）

「今も会いたい、春香に」と言って涙を流す黒木華の姿に思わずもらい泣きしてしまった。放送中のドラマ『ゴシップ　#彼女が知りたい本当の○○』第6話（二月一〇日放送、フジテレビ）の話である。

『ゴシップ』の舞台はネットニュースサイト「カンフルＮＥＷＳ」編集部だ。黒木演じる編集長の瀬古凛々子は、サイトの閲覧数の増加を目標としつつも、取材や裏取りをせずに既に流通しているニュースをまとめただけの「コタツ記事」を排除し、直接会って話を聴くことでゴシップの裏に隠された真実を見つけようとする。

第6話はキャンセルカルチャーをテーマとした回だった。キャンセルカルチャーとは、ＳＮＳなどネット上で特定の個人や企業の発言や行為を徹底的に糾弾し、社会的地位を剝奪したり、社会的に抹殺しようとしたりすることである。糾弾する側は、しばしば事実確認もせずに一方的に自らを正義の側に置き、対象を追い詰めてしまう。

第6話では、人気漫画家の南雲タケシ（やついいちろう）が国際的な漫画賞の審査委員長に就任したことを機に、中学時代に万引を繰り返して書店を潰したという過去のインタビュー記事が掘り起こされて激しいバッシングを受ける。書店が潰れたのは店主の病気のせいだったことが明らかになるが、南雲は過去の万引を店主に謝罪する。

その過程で凜々子自身にも、中学時代に同級生の春香（永瀬莉子）の死の「真犯人」だとネットに書き込まれ、誹謗《ひぼう》中傷されたつらい経験があったことがわかる。この回では、追い込まれる南雲の状況と凜々子の記憶が重なってキャンセルカルチャーの暴力が描き出されていくのだが、それだけでは終わらない。

終盤で凜々子は、春香が本当に心を通わせた友達であったことに気づく。凜々子は感情よりも辞書の定義によって物事を解釈する人物であり、ほとんど無表情の黒木の淡々とした演技が、そのキャラクターを見事に造形している。

しかしその凜々子が春香を思い、初めて涙を見せるのが、冒頭でセリフを引用したシーンなのだ。見ず知らずの他人を一方的に糾弾する人びととは対照的に、たった一人の友を失った喪失感に静かに向き合う凜々子の涙が、やさしく心に染み入る回となった。

幕間エッセイ

誰の名前でドラマを見るか

1．はじめに

映画は監督のものだ。敏腕プロデューサーがその手腕を発揮して製作にこぎつけ、大勢のスタッフが集結して一つの作品として完成させたとしても、〇〇監督の作品として語られる。では、テレビドラマはどうだろうか。ドラマは映画に比して誰の名前で語るかが難しい。その理由はいろいろあるが、プロデューサーやディレクターの多くがテレビ局や制作会社の社員であることも、その一因かもしれない。ドラマを誰の名前で語るか、あるいは誰の名前で見るか、は人それぞれだ。好きな俳優が出ていれば見るという人も多いだろう。

私の場合は、断然脚本家である。それは脚本家の名前でドラマを見てきたという経験によるものだ。脚本家の名前を意識したのは、七〇年代後半からだったと思う。

2．向田邦子と山田太一という名前――私の原点

第34回「向田美学の女性たち――『あ・うん』」で向田邦子没後四〇年に触れ、もう

四〇年経つのかと改めて思った。向田が飛行機事故で亡くなったのはちょうど大学を卒業した年で、新聞社に勤める友人から電話があり、台湾で墜落した飛行機の搭乗者名簿に「K・ムコウダ」という名があると知らされた。その時はまさかそれが向田邦子だとは思わず、不吉な電話をかけてきた友人を恨めしく思ったりもした。友人がわざわざ知らせてくれたのは、私が七〇年代後半から『冬の運動会』、『阿修羅のごとく』、『あ・うん』などの傑作ドラマをリアルタイムで見て画面に釘付けとなり、小説やエッセイも読み漁り、向田邦子に関する記事をスクラップするほどの大ファンだと知っていたからだ。「K・ムコウダ」が向田邦子だと分かった時、その早すぎる死に打ちのめされた。脚本家としてまさに絶頂期の突然の死だった。

この稿を書いている最中に、山田太一の訃報が届いた。山田太一もまた、私に多大な影響を与えた脚本家だ。もはや日本のテレビ史上の伝説とも言える『男たちの旅路』や『岸辺のアルバム』をはじめとして、『獅子の時代』、『想い出づくり。』、『早春スケッチブック』、『ふぞろいの林檎《りんご》たち』、『日本の面影』、『シャツの店』、笠智衆三部作『ながらえば』、『冬構え』、『今朝の秋』、東日本大震災を取り上げた『キルトの家』、『時は立ちどまらない』、『五年目のひとり』など、山田の傑作ドラマは枚挙にいとまがない。七〇年代後半から八〇年代前半は山田や向田らが次々と家族の崩壊と再生をテーマとする傑作ドラマを書いた、まさにドラマの黄金期だった。

山田と向田の日本のテレビ史における重要性は言うまでもないが、個人的なことを言わせてもらえば、この二人がいなければ、私はこんなにドラマ好きになっていなかっただろうし、大学でテレビ文化を教えることもなかったかもしれない。

3. 脚本家の名前で見てきた

私が脚本家の名前でドラマを見るようになったのは、間違いなく彼らの活躍のおかげだが、そもそも七〇年代から山田や同世代の倉本聰らが脚本家の地位向上のために奮闘し、たとえば『土曜ドラマ　山田太一シリーズ　男たちの旅路』のように脚本家の名を冠したドラマが制作されるに至ったことを忘れてはならない。そのおかげで、チームで脚本を書くアメリカや韓国とは異なり、日本では脚本家の作家性が尊重される土壌ができたと言える。

名作『前略おふくろ様』、『北の国から』を生み出し、山田・向田とともに御三家と言われた倉本のほかにも、『傷だらけの天使』や『淋しいのはお前だけじゃない』など伝説的なドラマを生み出した市川森一や、『天下御免』、『夢千代日記』の早坂暁、『ウルトラマン』シリーズや『怪奇大作戦』などの特撮ものや『おくさまは18歳』などコメディを書く一方で〝脱ドラマ〟を標榜して『お荷物小荷物』などの実験的ドラマを書いた佐々木守らが七〇年代から八〇年代のドラマを彩ってきた。『俺たちの旅』、『金曜日の妻たちへ』、『男女7人夏物語』、『29歳のクリスマス』などその時どきの時代に即したドラマで社会に影響を与えた鎌田敏夫の仕事も際立っていた。最高視聴率62・9パーセントを叩き出して「オシンドローム」という言葉を生み出し、アジア各国でも熱狂的に視聴された『おしん』や、本書でも取り上げたご長寿ドラマ『渡る世間は鬼ばかり』を生み出した橋田壽賀子の存在の大きさは言うまでもない。

4．やっぱり脚本家の名前で見る

4-1．盤石な脚本家たち

現在まで長く見続けている脚本家には、『夏目漱石の妻』や大河ドラマ『麒麟がくる』で知られる池端俊策、『アフリカの夜』、『セカンドバージン』、『大恋愛～僕を忘れる君と～』、『光る君へ』などで知られる大石静、『照柿』、『きらきらひかる』など九〇年代の傑作ドラマや『BG～身辺警護人～』のような木村拓哉主演ドラマなどを手がけてきた井上由美子、『王様のレストラン』、『古畑任三郎』、『鎌倉殿の13人』の三谷幸喜、『ケイゾク』、『SPEC』、『民王』の西荻弓絵らがいる。私が言うのも失礼だが、彼らの作品はとにかく巧い。セリフや構成の妙にいつも唸《うな》らされる。

4-2. 名前があれば必ず見る脚本家たち

現在、必ず見る脚本家としては、『Mother』、『それでも、生きてゆく』、『カルテット』、『大豆田とわ子と三人の元夫』の坂元裕二や『あまちゃん』、『俺の家の話』『不適切にもほどがある!』の宮藤官九郎、『カーネーション』、『今ここにある危機とぼくの好感度について』、『エルピス』の渡辺あや、『すいか』、『野ブタ。をプロデュース』、『昨夜のカレー、明日のパン』の木皿泉、『泣くな、はらちゃん』、『奇跡の人』、『ひよっこ』、『日曜の夜ぐらいは…』の岡田惠和、『逃げるは恥だが役に立つ』、『アンナチュラル』、『MIU404』、『フェンス』の野木亜紀子、『透明なゆりかご』、『おかえりモネ』、『きのう何食べた?』の安達奈緒子、『Nのために』、『最愛』の奥寺佐渡子らの名前がすぐに思い浮かぶ。彼らはスタイルこそ異なるものの、安易に感動させるセリフを書かず、心の深いところに届いて私の価値観を更新するようなドラマを見せてくれる。

4-3. 実力派と新進気鋭の脚本家たち

『愛していると言ってくれ』、『ロングバケーション』、『ビューティフルライフ』などで恋愛の神様と呼ばれた北川悦吏子《えりこ》、『101回目のプロポーズ』、『高校教師』、『未成年』など禍々《まがまが》しさと純愛が同居するドラマを書いてきた野島伸司、『リーガル・ハイ』、『デート~恋とはどんなものかしら~』、『コンフィデンスマンJP』の古沢《こさわ》良太、『JIN――仁――』、『天皇の料理番』、『義母と娘のブルース』の森下佳子、『ちりとてちん』、『ちかえもん』、『カムカムエヴリバディ』の藤本有紀ら実力派も忘れてはならないし、『架空OL日記』や『ブラッシュアップライフ』で独特の才能を見せるバカリズムや『俺の話は長い』、『コタツがない家』で新しいホームドラマを提示する金子茂樹からも目が離せない。思いつくままに挙げてきたが、ここに挙げた以外にも優れた脚本家たちが数多く存在することは言うまでもない。『恋せぬふたり』、『虎に翼』の吉田恵里香、『silent』の生方美久や『らんまん』の長田育恵ら新しい才能も現れ、これからのドラマがますます楽しみだ。

こうした脚本家たちの仕事が尊重されることが、日本のドラマの質を押し上げ、単にストーリーが面白いだけではなく、社会に対する鋭い批評性や深みを持つ名作ドラマを生み出してきたと言える。

5. ディレクターの名前で見る

日本のテレビ史に名を刻んできたのは、もちろん脚本家だけではない。傑作ドラマの数かずは、脚本家に加えディレクターの名前とともに記憶されている。

5-1. 芸術性の高いドラマを撮るディレクターたち

『岸辺のアルバム』や『ふぞろいの林檎たち』を演出した鴨下信一、『あ・うん』、『冬構え』、『今朝の秋』のほか『事件』や『夢千代日記』を手がけた深町幸男、『阿修羅のごとく』のほか『心中宵庚申《よいごうしん》』、『けものみち』、『ザ・商社』などの重厚感溢れる作品を演出し「芸術祭男」の異名をとった和田勉、『かげろうの死』、『愛の世界』などにより同じく「芸術祭男」と呼ばれた鶴橋康夫らは芸術性の高いドラマを創った。『紅い花』、『四季・ユートピアノ』、『川の流れはバイオリンの音～イタリア・ポー川』などドキュメンタリー調で音・音楽にこだわるドラマにより芸術祭のみならず数かずの国際的な賞を受賞した佐々木昭一郎や、『海は甦える』や『天皇の世紀』など、テレビ草創期から現在まで数多の革新的なドラマやドキュメンタリーを創り続けてきた今野勉を私は尊敬してやまない。『スローな武士にしてくれ～京都　撮影所ラプソディー』、『ライジング若冲　天才かく覚醒せり』、『忠臣蔵狂詩曲Ｎｏ．５　中村仲蔵　出世階段』などで独自の映像美を追求する源孝志は最後の芸術祭大賞（テレビドラマ部門）受賞者である。

５－２．攻めるディレクターたち。

坂元裕二ドラマでは、『Mother』、『Woman』、『anone』などを手がけた水田伸生、『それでも、生きてゆく』や『最高の離婚』の宮本理江子と並木道子、『カルテット』の土井裕泰などそうそうたるディレクターがそれぞれに細やかな世界を創り上げた。土井は北川悦吏子の『愛していると言ってくれ』や『オレンジデイズ』のほか、『魔女の条件』、『コウノドリ』など数かずのヒット作を生み出してきたが、近年では『重版出来！』など野木亜紀子作品も手がけている。野木の大ヒット作『逃げるは恥だが役に立つ』の金子文紀は、『木更津キャッツアイ』や『俺の家の話』などＴＢＳの宮藤官九郎脚本のドラマのほぼすべてを演出してきた。宮藤のドラマでは、『あまちゃん』、『いだてん〜東京オリムピック噺〜』の井上剛も重要だ。井上は渡辺あや作『その街のこども』や中園ミホ作『トットてれび』などの名作を手がけ、大森寿美男が脚本を担当し井上がチーフ演出を務めた『６４（ロクヨン）』は文化庁芸術祭大賞を受賞した。塚原あゆ子も野木の『アンナチュラル』、『MIU404』のほか、奥寺佐渡子脚本の『Nのために』、『最愛』、本コラムでも取り上げた西田征史脚本『石子と羽男―そんなコトで訴えます?―』などヒット作を次々と放っている。映画での国際的な活躍に目が行きがちな是枝裕和にも、脚本・演出を手がけた『ゴーイングマイホーム』という傑作ドラマがあり、またドラマを作・演出してほしいと願っている。『モテキ』や『いだてん～東京オリムピック噺～』、渡辺あや作『エルピス』の大根仁、同じく渡辺あや作『火の魚』や自身が脚本も手がけた『太陽の子』、大森美香作の大河ドラマ『青天を衝け』の黒崎博や、『夏目漱石の妻』、『透明なゆりかご』、『お別れホスピタル』の柴田岳志、『恋せぬふたり』の押田友太、西荻弓絵作『ケイゾク』、『SPEC』などでクオリティの高い映像を創り出し、視聴者の目を映像に向けさせた堤幸彦ら、こちらも枚挙にいとまがない。

6．プロデューサーの名前でも見たい

近年、ようやくプロデューサーも注目されるようになってきたので、思い浮かぶままにプロデューサーの名前も挙げておきたい。

6-1. レジェンドたち

私がプロデューサーという仕事を初めて意識したのは大山勝美だったと思う。『岸辺のアルバム』、『想い出づくり。』『ふぞろいの林檎たち』といった山田太一作品や『淋しいのはお前だけじゃない』など数かずの傑作ドラマの制作に携わった。

個人的なことで恐縮だが、二〇一四年一〇月に亡くなるほんの数日前に突然大山さんから携帯にお電話をいただいた。当時館長を務めていた早稲田大学演劇博物館でテレビドラマ展をやってほしいというお話だった。いきなりの大御所からのお電話にすっかりうろたえてしまい、数日後に改めてお話を伺いたいというメールをお送りしたところ、大山さんが設立された制作会社カズモの方から、大山さんが亡くなられたという返信が届いて茫然とした。大山さんの遺言を受け取ったつもりで、二〇一七年に演劇博物館で「テレビの見る夢　大テレビドラマ博覧会」と「山田太一展」を開催するに至った次第である。「一般社団法人　放送人の会」は大山さんの遺志を継いで「大山勝美賞」を創設し、新進気鋭のプロデューサーやディレクターを表彰している。同じく山田太一の『岸辺のアルバム』や『丘の上の向日葵』をプロデュースした堀川とんこうの名も挙げておきたい。大山と『くれない族の反乱』を共同プロデュースした八木康夫は、『うちの子にかぎって……』で田村正和の新しい魅力を引き出したほか、初プロデュース作品の『昭和四十六年　大久保清の犯罪・戦後最大の連続女性誘拐殺人事件』などビートたけしを主演にした「ノンフィクションドラマ」など数かずのヒット作や、近年では『忠臣蔵狂詩曲Ｎｏ．５　中村仲蔵　出世階段』などを手がけている。

第５章の幕間エッセイ「それでもドラマは『日常』を描く」で取り上げた石井ふく子は、家族を描くことにこだわり、長年にわたって日本のホームドラマを支えてきた。

九〇年代にフジテレビが躍進した時代には、『古畑任三郎』など大ヒットドラマを次々と企画した石原隆や、大多亮、亀山千広、山田良明、山口雅俊ら敏腕プロデューサーが活躍し、山田と大多の『東京ラブストーリー』や亀山の『ロングバケーション』、山口の『きらきらひかる』など数多くの魅力的な恋愛ドラマを世に送り出した。プロデューサーがもっともメディア露出した時代だったかもしれない。

６‐２．旬なプロデューサーたち

現在活躍しているプロデューサーに目を向ければ、デビュー作以来宮藤官九郎のドラマを一貫して手がけてきた磯山晶、同じく宮藤の『あまちゃん』、『いだてん～東京オリムピック噺～』や渡辺あや作『今ここにある危機とぼくの好感度について』など質の高いドラマを制作し続ける訓覇《くるべ》圭、同じく『今ここにある危機とぼくの好感度について』や『空白を満たしなさい』など攻めるドラマを発信する勝田夏子、『鎌倉殿の13人』、『恋せぬふたり』、『虎に翼』などの意欲作を次々と放つ尾崎裕和、木皿泉『すいか』や岡田惠和『泣くな、はらちゃん』、『奇跡の人』といった作品でドラマを通じて世界を発見し直すテーマを追求してきた河野英裕、ディレクターの塚原あゆ子と組んで『Nのために』、『アンナチュラル』、『MIU404』、『最愛』、『石子と羽男—そんなコトで訴えます?—』などヒット作を連発している新井順子、『カルテット』、『大豆田とわ子と三人の元夫』、『エルピス』といった傑作を世に送り出した佐野亜裕美、坂元裕二の『Mother』、『Woman』、『anone』三部作や『初恋の悪魔』を手がけた次屋尚、同じく坂元の『いつかこの恋を思い出してきっと泣いてしまう』のプロデュースや『silent』、『いちばんすきな花』で新人脚本家の生方久美を発掘したことで知られる村瀬健らがすぐに思い浮かぶ。

名前を挙げた人びとはほんの一角に過ぎない。Disney+で『拾われた男』や『季節のない街』など名作を連発する山本晃久ら、配信ドラマも含めると本当にキリがない。

7. 「推し」の名前で見る。

以上、思いつくままに列挙してきたが、「なんでこの人が挙がっていないの?」と思われる読者の方もいるだろうし、私自身も「しまった！」と思うに違いない。続きはこのページの余白に書き込んでいきたいと思う。

大友良英、得田真裕、阿部海太郎らの劇伴や、テーマ曲を提供するミュージシャンに注目する人もいるだろうし、照明や音響、美術、衣裳といったスタッフの方がたのお名前でもドラマが語られるとよいと思う。いまやドラマを支える技術には瞠目《どうもく》すべきものがあるからだ。

ここではとてもじゃないがスペースが足りないので挙げなかったが、もちろん俳優の名前でもドラマを見る。

ドラマはこうした人びとの力が結集してこそ完成する。だからそもそも誰かの名前で語るべきものではないかもしれない。しかしスタッフであれ俳優であれ、「推し」がいることで、ドラマの楽しみ方は確実に広がると思う。

第7章

二〇二二年度上半期

——時代は動き、ドラマも変わる

第38回　「家族」の形に縛られずに――『恋せぬふたり』

（二〇二二年四月六日）

私は恋愛ドラマが大好きだ。作中で男女がひとつ屋根の下で暮らせば、当然恋が芽生えるものだと思っていた。しかしそんな自分に「待った」をかけるドラマが出現した。『恋せぬふたり』（NHK、一月一〇日〜三月二一日）である。

『恋せぬふたり』はアロマンティック・アセクシュアルの男女が同じ家で生活しながら「家族（仮）」の関係を構築していくストーリーである。「アロマンティック・アセクシュアル」という言葉になじみのない人も多いだろう。番組ホームページでは、「アロマンティックとは、恋愛的指向の一つで、他者に恋愛感情を抱かないこと。アセクシュアルとは、性的指向の一つで、他者に性的に惹かれないこと。どちらの面でも他者に惹かれない人を、アロマンティック・アセクシュアルと呼ぶ」と説明されているが、実際には複数の定義があるようだ。

ヒロインの兒玉咲子《こだまさくこ》（岸井ゆきの）は異性に対して恋愛感情や性的欲望を抱かない自分はおかしいのかと悩んでいたが、同じ指向を持つ高橋羽《さとる》（高橋一生）に出会い、高橋の家で

『恋せぬふたり』
（写真提供：NHK）

「家族（仮）」を形成すべく同居を始める。恋愛しなくても独りでいるのは寂しいからだ。

「常識」（と思い込んでいるもの）に囚《とら》われている咲子の母親や妹は、女性は結婚・出産するのが幸せだと信じていたが、少しずつ変化していく。母や妹の反応は少々類型的に見えるが、世間の一般的な反応でもあるだろう。恋愛をしたことがないという人に、「いずれいい出会いがあるよ」などと言ってしまった経験を持つ人は、案外多いのではないだろうか。私自身も、互いを理解し尊重し合う咲子と羽を見て、従来のドラマのパターンに当てはめて恋の芽生えをうっかり期待しては、そんな自分を戒める日々だった。恋愛感情や性的指向は人それぞれに違う。その違いを尊重する想像力を持てるかが問われているのである。

最終的に二人は同居を解消するが、これまでの固定観念に縛られない形で「家族（仮）」であり続けることを選ぶ。自転車で風を受けて走りながら「私の人生に何か言っていいのは私だけ。私の幸せを決められるのは私だけ」と言い切る咲子の最後のセリフが清々しかった。

第39回　「他者」＝沖縄　50年を省みる――『ふたりのウルトラマン』

（二〇二二年五月一一日）

今年は沖縄本土復帰五〇年の節目で、沖縄にちなんだ番組も多い。五月二日に放送された『沖縄本土復帰50年ドキュメンタリードラマ　ふたりのウルトラマン』（ＮＨＫＢＳプレミアム）もその一つだ。

本作は「ウルトラマン」の生みの親・金城哲夫（満島真之介）と、同じくウルトラマンシリーズなどを手がけた上原正三（佐久本宝）という、沖縄出身の二人の脚本家を軸に、「ウルトラマン」誕生前夜から金城の死までを、当時を知る関係者のインタビューを交え活写した。ベースには、上原の著書『金城哲夫　ウルトラマン島唄』がある。

このドラマのテーマは「他者」ではないかと思う。冒頭、本土復帰前の沖縄から円谷《つぶらや》プロにやってきた上原がパスポートを見つめるシーンは象徴的だ。上原は常に自らが「ヤマトンチュ」（本土の人）にとって「他者」であることを意識し、一九七二年に沖縄が本土復帰しても「支配者がアメリカから日本に代わるだけだ」と言い放ち、「ヤマトンチュ」への対抗意識を創作のエネルギーに転化していく。

上原に比べ、金城は沖縄へのこだわりをあまり表には出さない。しかしこのドラマには、ウルトラマンが沖縄の理想郷であるニライカナイから来た「マレビト（客人）」として構想されるシーンがある。そして金城が生み出した怪獣たちもまた、宇宙から地球にやって来た「他者」たちだ。金城は常に怪獣の身になって脚本を書き、「怪獣だって泣くのだ」と考え、怪獣たちを殺さずに故郷に返した。

こうした「他者」たちのドラマだからこそ、脚本家・金城と東京育ちの監督・円谷一《はじめ》（青木崇高）との作品創作を通じた絆の強さは感動的だ。だが、やがて円谷は監督業から身を引き、プロデューサーに徹するようになる。金城も円谷プロを辞めて沖縄に戻り、沖縄芝居に打ち込み、沖縄国際海洋博覧会の構成・演出を担当する。ところが激しい反対運動にさらされ、疲弊してゆく。皮肉なことに、沖縄のために尽力することで、金城は沖縄にとっての「他者」となっていったのかもしれない。

五〇年経った今、沖縄は「ヤマトンチュ」にとって「他者」ではなくなったように見える。しかし基地問題など沖縄が今なお抱える問題を、どこまで自分の問題として考えられているのかと、自らを省みる契機となるドラマだった。

第40回　壮大な「遊び心」に称賛
——『謎の日本人サトシ～世界が熱狂した人探しゲーム～』

（二〇二二年六月八日）

六月一日に第五九回ギャラクシー賞の贈賞式が開催された。今回は、大賞、優秀賞に次ぐ「選奨」に選ばれた一〇作品から、『謎の日本人サトシ～世界が熱狂した人探しゲーム～』（NHKBSプレミアム、一月二一日放送）を紹介したい。

これは一〇億人の中からたった一人の日本人「サトシ」を見つけるため、一四年にわたって繰り広げられた探索劇の顛末《てんまつ》を追いかけたドキュメンタリーである。

サトシは実在の人物だが、英国で開発された「パープレックス・シティ」というゲームの中で、謎を解くための重要なカードに登場する。そのカードにはサトシの顔写真に添えて「私を見つけなさい」という日本語だけが記されている。

二〇〇五年にカードが公開されて以来、世界中で何十万人もの参加者がゲームのゴールに辿り着くために躍起になってサトシを探した。ゲーム自体は途中で終了したが、紆余曲折を経ながらサトシの探索は続き、二〇二〇年末に、あるドイツ人参加者によって突き止められる。

当初はインターネットを通じて参加者たちのコミュニティができ、人びとが国境を越えて力を合わせて捜索した。インターネット時代なのにどこか牧歌的だ。だが最終的にサトシ発見に至ったのは、ＡＩ（人工知能）による顔認証技術のおかげだった。番組は、たった一枚の写真で一人の人間を同定できてしまう技術に警鐘を鳴らす。

しかしこの番組の最大の見どころはそこではなく、番組を通底する「遊び心」なのだと思う。とにかくセンスがいいのだ。たとえば、ゲームクリエーターの三原飛雄馬氏がこのゲームについて「自分自身が主人公になって映画やドラマの中に入っていくような」と説明すれば、すかさず喜劇王のバスター・キートンが映画のスクリーンの中に入っていく有名な映画『キートンの探偵学入門』のシーンが挿入される。それだけではない。アニメーションやイラスト、小道具が内容に関係なく頻繁に差し挟まれ、ゲームの参加者自身が演じる再現シーンもリアルではなく、出演者も視聴者も楽しめる演出が施されている。

この番組は、膨大な時間と労力を費やしてサトシを探し続けた人びとの奇妙な熱を伝えるだけでなく、遊び心に満ちた番組作りを通じ、夢を持ってつながった人びとへのリスペクトを表現していると思う。そこにぐっとくるのである。

第41回　正直が利他的になる爽快さ――『正直不動産』

（二〇二二年七月六日）

ＮＨＫのドラマ『正直不動産』（四月五日～六月七日）が大反響を呼び、放送中に二度も再放送されるという異例の事態となった。六月一四日には『正直不動産　感謝祭』があり、さらに三度目の再放送も行われた。なぜこれほどまでに人気を博したのだろうか。

登坂不動産に勤める永瀬財地（山下智久）は、嘘にまみれた調子のいいセールストークで営業成績トップを独走するやり手営業マンだ。ところがアパートの建設予定地にあった祠《ほこら》を壊したことから、たたりで嘘がつけなくなってしまう。それまでとは逆に、何でも本当のことを言ってしまうために営業成績はがた落ち。タワーマンションからボロアパートへの引っ越しを余儀なくされる。だが永瀬は正直すぎる不動産屋となることで、次第に顧客や周囲の人びとから信頼を獲得してゆく。

山下の好演やストーリーの面白さも好評の大きな理由なのは間違いない。が、それだけではなく、「思ったことを率直に言う」「事実をありのままに伝える」というシンプルな行為が、多くの視聴者の心に響いたのではないかと思う。

私たちは日頃、ホンネとタテマエのはざまで生きている。ホンネを隠してタテマエで取り繕ったほうが、物事は軋轢《あつれき》なくスムーズに進行するものだと、経験的に知っているからだ。とりわけ、自分も傷つきたくないし他人も傷つけたくないという昨今の風潮では、本音は心の奥底にしまっておくしかない。しかし本当のことをぶちまけてすっきりしたいという欲望が、時折ふつふつと湧き上がってこないだろうか。このドラマは、そういう欲望をうまくすくい取って肯定しているからこそ、多くの支持を集めたのではないだろうか。

その一方で、心の中にある差別意識や利己的な欲求を抑制せず、それを大声で主張する場面を目にする機会が増えているように思う。トランプ政権以降、アメリカだけではなく世界的に他者を尊重するという理念が揺らぎ、ヘイトスピーチなど他者の尊厳を傷つける行為がまかり通っている。

正直であることと、利己的な主張を垂れ流すことはまったく違う。『正直不動産』は、正直であることで利他的となる主人公を描いたからこそ、清々しいドラマとなったのではないだろうか。

第42回　吉田拓郎、豪華な卒業式
――『ＬＯＶＥ ＬＯＶＥ あいしてる　最終回　吉田拓郎卒業ＳＰ』
（二〇二二年八月三日）

七月二一日、『ＬＯＶＥ ＬＯＶＥ あいしてる　最終回　吉田拓郎卒業ＳＰ』（フジテレビ）が放送された。かつてこの番組を愛した世代にとっては、なんとも感慨深い「卒業式」となった。

『ＬＯＶＥ ＬＯＶＥ あいしてる』は一九九六年から二〇〇一年までレギュラー番組として放送された音楽バラエティである。Ｋｉｎｋｉ Ｋｉｄｓの堂本光一・堂本剛と吉田拓郎、篠原ともえらがレギュラーで出演し毎週ゲストを招いてトーク。ゲストとともに曲を演奏し歌唱するという趣向だった。

この番組はさまざまな点でユニークだった。まず、日本のポップミュージック界の大御所で、テレビ嫌いで知られていた吉田がテレビに、しかもレギュラー番組に出演したこと。しかもその相手が、番組開始当時はまだ一〇代で、ＣＤデビューもしていなかったジャニーズ事務所のタレント・Ｋｉｎｋｉ Ｋｉｄｓだったことに度肝を抜かれた。ところが始まってみると、二人の高いトーク力と、それを受ける吉田の懐の深さに驚嘆した。毎回ゲストの楽屋に押しかけてはプレゼントをねだる篠原には憎めないかわいらしさがあって、篠原の個性的なファッションを真似る「シノラー」を多数生み出した。

何より最大の魅力は、この番組全体が、Ｋｉｎｋｉの二人が、吉田をはじめ、ゲストたちや「Ｋｉｎｋｉ ＡＬＬ ＳＴＡＲＳ」と呼ばれた一流のミュージシャンらたくさんの「大人」を通じて音楽と出会い、ミュージシャンとなってゆく成長物語でもあったことだろう。二人はギターを弾けなかったが、吉田に加えて、レギュラー陣の一人でもあったアルフィーの坂崎幸之助ら豪華な師を得て、番組のなかでギターを練習し、めきめきと上達していった。視聴者はその成長のプロセスを見守りながら、世代を超えたコミュニケーションの可能性を目の当たりにし、感動したのではなかったか。

今回の最終回は、引退を表明した吉田拓郎の幕引きの場として用意された。吉田のリクエストにより、当時もゲストとして出演していた木村拓哉がゲストとして登場し、成熟したＫｉｎｋｉのバックで木村、生田斗真、風間俊介が踊るという超豪華版となった。

いまやＫｉｎｋｉは押しも押されもせぬ大スターだが、あの番組が彼らに与えたものの大きさ、豊かさを改めて思った。

第43回　戦時下の希望　「推し」アイドル――『アイドル』

（二〇二二年八月三一日）

このコラムでは毎年八月、戦争関連の番組を取り上げてきたが、ドキュメンタリーに比べてドラマはめっきり減ってしまった（と書くのも何回目だろうか）。そんな中、八月一一日放送の特集ドラマ『アイドル』（ＮＨＫ）を見た。スターを夢見て岩手から上京した小野寺とし子（古川琴音）が、新宿の劇場「ムーラン・ルージュ」で「明日待子《あしたまつこ》」としてアイドルに成長するが、次第に戦争に巻き込まれていく物語だ。

とし子は戦地へ赴き、兵士たちを善意で慰問したはずが、実は兵士たちの戦意高揚に利用されていたことに気づき、苦悩する。だがこのドラマでは声高に反戦を叫ぶようなことはない。主眼がそこに置かれていないからだ。

このドラマの魅力は、ひとつのアイドル論になっているところにある。とし子は歌もダンスも未熟な新人のうちに、病に倒れたスター・高輪芳子（愛希れいか）の代役に抜擢《ばってき》される。不安なとし子に、支配人兼プロデューサーの佐々木千里（椎名桔平）は、「おまえはまだまだひよっこだが、明日は必ず来る」と励まし、「明日待子」という芸名を贈る。

やがてとし子は人気者となり「少しはスターになれたのかな」と問うが、佐々木は「そんなものにはならんでいい。おまえは明日を待ってるぐらいがちょうどいい。ファンが会いたいのは、自分たちと同じ等身大のおまえだ。女優でもスターでもない、おまえは〝アイドル〟になれ」と諭す。

佐々木の考えるアイドルとは、きらびやかで手の届かないスターとは異なり、ファンがその成長を見届けることに喜びを見出すような身近な存在である。そうした、ファンがアイドルを「育てる」文化は、現在のアイドルグループや「2・5次元ミュージカル」などを支える、いわゆる「推し」の文化につながっている。

アイドルの草分けとも言える明日待子が戦意高揚に利用されたことは紛れもない事実だ。しかし同時に、困難な時代を乗り越えていくための希望を若者たちに与えたのではないだろうか。それは、多くの若者たちが「推し」のアイドルを心の支えにして生きている現在のコロナ禍の状況と重なる。戦時下では「明日待子」という名前自体が、ファンがアイドルに託す「明日は来る」という希望そのものだったのではないかと思う。

第44回　ようやく実直な女性が主役に——『石子《いしこ》と羽男《はねお》—そんなコトで訴えます？—』

（二〇二二年九月二八日）

一年ほど前、このコラムに「実直な女性が活躍するドラマを見たい」と書いた。男性の主人公が常識にとらわれず現状を打破し、真面目で勤勉なヒロインを感化していくドラマにモヤモヤする、という内容だった。

この傾向は、なぜか弁護士ものなど法曹ドラマに多い。正義感は強いが融通が利かずに煙たがられているヒロインが、破天荒な男性主人公の影響を受け次第に変化していく。しかし、実直に努力してきた真面目な女性が、社会を変える魅力的な存在として描かれるドラマがあってもいいんじゃないか——そう思ったのだ。

先日最終回を迎えた『石子と羽男—そんなコトで訴えます？—』（TBS、七月一五日〜九月一六日）はまさにそんなドラマだった。主人公は、司法試験に四回落ちた東大卒パラリーガルの石子こと石田硝子（有村架純）と、一発で合格した高卒の弁護士・羽男こと羽根岡佳男（中村倫也）。二人はマチベンとして町の小さな訴訟に関わっていくうち、大規模な不

『石子と羽男―そんなコトで訴えます？―』
（写真提供：TBSスパークル／TBSテレビ）

動産投資詐欺に立ち向かうことになる。

　ヒロインの石子というあだ名が石頭から来ていると聞いて、最初はまたかと思った。どうせ融通の利かないヒロインが型破りな男性弁護士に影響されて成長していくんでしょ、と。けれどもこのドラマは違った。弁護士とパラリーガルという社会的立場の差があっても、二人は互いの弱点を補い合って力を合わせ、対等な関係を築くのである。

　互いを思いやりながらも、恋愛関係に安易に発展しないところもミソだ。石子は不器用な青年・大庭蒼生《あお》（赤楚衛二）と交際しており、羽男とは仕事への誇りを共有するパートナーであり続ける。

　彼らの弁護士事務所が掲げる「真面目に生きる人びとの暮らしを守る〝傘〟になろう」というモットーのとおり、二人が寄り添うのは、誰にも迷惑をかけず真面目に日々の生活を営む弱い人びとだ。

最終話で権力者の御子神慶（田中哲司）は、「法律は強い者のためにある」とうそぶく。しかし石子は、法は弱い人びとのためにあると訴え、羽男は弱い人びとの存在自体を肯定する。ただ真面目に生きようとしている弱い人たちこそが社会を作っているのだと。

スーパー凄腕弁護士が活躍するドラマも面白いのだが、現実にいてほしいのはこんな弁護士ではないだろうか。

幕間エッセイ

ドラマが描く／描かない恋愛と結婚

1．恋せぬドラマと多様なセクシュアリティー

一九九〇年代に恋愛ドラマは隆盛を極め、フジテレビの「月9」というブランド枠が誕生した。その頂点は北川悦吏子脚本の『ロングバケーション』（一九九六年）だったと思う。くすぶっているピアニストの瀬名秀俊（木村拓哉）のアパートに、結婚式当日に花婿に失踪された葉山南（山口智子）が転がり込み、やがて互いに惹かれ合うようになる。最終回には瞬間最高視聴率43・8パーセント（ビデオリサーチ、関東地区）を記録し、「ロンバケ現象」なる言葉も出現した。バブル崩壊という現実がじわじわと人びとの首を絞めつつあった時期に、人生の停滞期を「神様がくれた長いお休み」と呼んだ本作は、恋愛ドラマを超えて支持されたのだと思う。しかしこのドラマが成功体験として恋愛ドラマの一つの定型を作り、以後のモデルとなったこともまた事実だろう。

男女が運命的な出会いを果たしたり、ひょんなことから一つ屋根の下に住んだりすれば、いつしか恋が芽生える――そんなパターンが繰り返し描かれ、恋愛ドラマをステレオタイプ化してきた面は否めない。そして視聴者（私を含む）の多くは、知らず知らず

のうちにそのパターンを刷り込まれ、無批判的に受け入れてきたのではないだろうか。

だから第38回で取り上げた『恋せぬふたり』は衝撃的だった。「アロマンティック」、「アセクシュアル」の存在は知っていたものの、正直、どこか自分とは無縁なものだと思っていた。第38回でも述べたとおり、『恋せぬふたり』はそんな私の価値観を根底から覆した。恋愛について無神経に話題にすることで人を傷つけてきた可能性もあり、決して他人事ではないと気づかせてくれたのである。

近年、ドラマは多様なセクシュアリティーを描いてきた。例を挙げれば、上戸彩が「性同一性障害」の鶴本直を演じた『3年B組金八先生』第6シリーズ（二〇〇一年）、主人公・折口弥一（佐藤隆太）が、海外で死んだ弟が同性婚をしていたという事実を理解し受け入れていく過程を丁寧に描いた『弟の夫』（二〇一五年）、志尊淳がトランスジェンダー女性を演じて話題となった『女子的生活』（二〇一八年）、浅原ナオトの小説『彼女が好きなものはホモであって僕ではない』を原作とした『腐女子、うっかりゲイに告る。』（二〇一九年）、ゲイバーから引き抜かれて高校教師となったゲイで女装家の原田のぶお（古田新太）をめぐる『俺のスカート、どこ行った？』（二〇一九年）、よしながふみの同名漫画を原作として安達奈緒子が脚色し高い評価を得た『きのう何食べた？』（二〇一九年、二三年）などがある。

しかしこうしたドラマの増加によって、社会的な理解が進んだと考えるのは早計であると、クィア・スタディーズの専門家である森山至貴は疑問を呈する。森山は、「『ブーム』は今に始まったことではない。しかしその歴史的事実は容易に忘れられてしまう。『最近の変化』を言祝ぐ『良識』側に立ちたいという欲望が、現実の歴史を改竄してしまっているのではないか？」と述べ、近年の傾向を無邪気に喜ぶ傾向に警鐘を鳴らしている（「『最近はＬＧＢＴをテレビや映画でよく見かけるし、時代は変わったよね』と言いたい人への８つの問い」、「Inside/Out——映像文化とＬＧＢＴＱ＋」展図録（編著・久保豊、早稲田大学演劇博物館、二〇二〇年）。

ここには挙げないが、森山も指摘するようにセクシュアルマイノリティを単なる「小道具」として消費するドラマがあることも事実だ。『恋せぬふたり』は当事者による「考証チーム」を組織し、周到に準備を進め、スタッフの深い理解のもとに制作された。創る側のこうした誠意と努力が、見る側のリテラシーの向上を促すのではないだろうか。私自身もまだまだ理解が追いつかないが、見る側の価値観を更新する良質なドラマが増えていくことを期待したい。

2. ドラマにおける恋愛と結婚の変化

多様な性のあり方を描くドラマが増えただけではなく、ドラマにおける男女の関係のあり方も、近年大きく変化している。たとえば、第20回「未知の世界を切り拓く——『妖怪シェアハウス』」に書いたように、小芝風花演じるヒロイン目黒澪は、妖怪が棲みついたシェアハウスで暮らすうちに人の目を気にして空気を読む生き方から脱し、「食べたいものを食べて何が悪い。結婚できなくて何が悪い。家族を作れなくて何が悪い。常識なんてくそくらえだ。生きたいように生きて何が悪い！」と叫び、二人の男性からのプロポーズを蹴って、好きな仕事に邁進することを選ぶ。

第1章の幕間エッセイ「女性たちのゆるやかな連帯を描いてきたドラマ」で取り上げた『日曜の夜ぐらいは…』では、ヤングケアラーの岸田サチ（清野菜名）、タクシー運転手の野田翔子（岸井ゆきの）、ちくわぶ工場で働く樋口若葉（生見愛瑠）がラジオ番組のバスツアーがきっかけで友情を育み、三千万円の宝くじが当たったことから共同でカフェを開店するまでが描かれる。途中でイケメンのカフェ・プロデューサー・住田賢太（川村壱馬）が現れたりもするが、恋愛関係に発展することはない。同じくバスツアーで出会った市川みね（岡山天音）は三人から絶大な信頼を得て通帳の管理を任されるまでになるが、彼女たち三人の同志であり続ける。

このように、自分らしい生き方や女性同士の連帯が優先された結果、恋愛関係が持ち込まれないドラマも増えている。こうしたドラマでは男性は退場するか、よき同志として女性たちの傍らに居続ける。

それにとどまらず、男女の新しい関係を提示するドラマも増えている。

第29回「日常を彩る雑談の効用――『大豆田とわ子と三人の元夫』」で取り上げた同作では、大豆田とわ子（松たか子）と三人の元夫たち（松田龍平、角田晃広、岡田将生）の関係がコミカルかつ細やかに描かれる。元夫たちは離婚してもとわ子のことが好きだが、彼らは恋愛や結婚を超えた結びつきを雑談を通して深めていく。とわ子がもっとも身近に感じ続けるのは、元夫たちではなく、娘の唄（豊嶋花）と、死んでもなお気配を漂わせる親友の綿来かごめ（市川実日子）なのだ。

また、第44回「ようやく実直な女性が主役に――『石子と羽男―そんなコトで訴えます？―』」で取り上げたとおり、このドラマではパラリーガルの石子こと石田硝子（有村架純）と弁護士の羽男こと羽根岡佳男（中村倫也）が、町の小さな訴訟に関わっていくうち、大規模な不動産投資詐欺に立ち向かうことになる。その過程で二人は立場の差を超えて互いを理解し信頼し合って対等で相補的な関係を築いていくのだが、石子は不器用な青年・大庭蒼生（赤楚衛二）と交際しており、羽男との関係が恋愛に発展することはない。二人は仕事への誇りを共有する、よきパートナーであり続ける。

こうした関係性が大きな共感を呼んだことは記憶に新しい。もちろん恋愛ドラマもあってよいのだけれど、私たちは貪欲に恋愛や結婚以外のよい関係も求めるし、ドラマはそれに応えて、あるいは先取りして、新しい関係を紡ぎ出して見せてほしいと思う。

第8章

二〇二三年度下半期

――長いトンネルを抜けた先に

第45回　「バカせまい史」が道しるべに——『私のバカせまい史』

（二〇二二年一〇月二六日）

一九八九年、美川憲一のまねをするコロッケの後ろに美川が登場したのが、ものまね番組史上初のご本人登場シーンだという。『私のバカせまい史』（以下『バカせまい史』）を見て知ったことだ。

『バカせまい史』は、何の役にも立ちそうにない狭い歴史を芸能人が調べて披露するフジテレビのバラエティ番組である。この番組が秀逸なのは、テレビ局に保存されている過去の番組映像の断片を独自の視点から集め、一つの歴史として再編集することにより、新しい番組を作ってしまうところだ。たとえば「ものまね番組ご本人登場史」なら、初登場から始まってやがて供給過多となり、本人登場バブルが崩壊してマンネリ化との闘いになるという「歴史」が面白く再構成されていく。

九〇年代の初めに同じくフジテレビで放送された傑作バラエティ番組『カノッサの屈辱』を思い出す人もいるかもしれない。この番組も、当時のバブル経済を背景とした社会事象を歴史になぞらえる内容で、「ホテル四大文明の謎」とか「デート資本主義の構造」とか、もっともらしいタイトルも人を食っていた。どちらの番組も、その「歴史」の見せ方、語り方のセンスが抜群なのだ。

そして日頃博物館の館長としてデジタルアーカイブ事業を推進している私の立場からすると、『バカせまい史』は別の意味でも興味深い。ドラマに比べて再放送されることの少ないバラエティは、過去の映像を保存しても死蔵になってしまいがちだ。しかし『バカせまい史』はそれを再利用することでまったく新しい番組を作ったわけで、これは番組映像アーカイブの利活用の一つのモデルになりうるのではないだろうか。

それは新たな利活用にもつながる。『バカせまい史』が取り上げるのは、たとえば「クイズ第1問史」とか「柴田理恵号泣史」とか、一見くだらないテーマだ。しかしテーマが決まればスタッフが膨大な番組映像アーカイブの中から該当する映像の断片を探し出す。そうして集めた映像のデータベースを作成しておけば、将来、テレビ文化研究に大いに役立つだろう。文化研究は立派な資料だけでは成り立たない。人がテレビに何を求め、何に笑い何に泣いたのかを知る上で、こうしたデータは充分貴重な資料になりうると思うのである。

第46回　冤罪事件を追う秀逸ドラマ――『エルピス』

（二〇二二年一一月三〇日）

一〇月に始まった連続ドラマ『エルピス―希望、あるいは災い―』（関西テレビ制作、フジテレビ）がすごい。テレビ局の花形の座から転落したアナウンサー浅川恵那（長澤まさみ）と、若手ディレクターの岸本拓朗（眞栄田《まえだ》郷敦《ごうどん》）が、連続殺人事件の犯人とされる死刑囚・松本良夫（片岡正二郎）が冤罪ではないかと疑い、調べ始める。実際に起こった冤罪事件やその疑惑のある事件を参考にして作られているようだ。

冤罪事件と言えば、一九九二年に福岡県飯塚市で起きた「飯塚事件」を想起する人も多いだろう。幼児殺害事件の犯人とされた男性が死刑判決を受け、二〇〇八年に執行された。だがその後、目撃証言に基づいて遺族が福岡地裁に再審を請求し、審理中となっている。

飯塚事件については、ＮＨＫ『ＢＳスペシャル「正義の行方～飯塚事件　30年後の迷宮～」』（四月二三日放送）や、この事件を追い続けた日本テレビ『ＮＮＮドキュメント'22「死刑執行は正しかったのかⅢ～飯塚事件・真犯人の影～」』（九月二五日放送）など、相次いで力の入ったドキュメンタリーが放送された。これらの番組は、当時のＤＮＡ型鑑定への疑義や有力な目撃情報が黙殺された事実、遺族や捜査に関わった当事者やＤＮＡ鑑定の専門家への取材などを丹念に積み重ね、多角的に事件を検証してゆく。

　どちらも日本の司法のあり方を炙り出すと同時に、マスコミ報道についても考えさせられる秀逸な番組である。『エルピス』の舞台はテレビ局なので、テレビ報道のあり方も今後問われてゆくのだろう。

　興味深いのは、浅川も岸本も決して一方的に正義の側に立っていないということだ。浅川にはニュース番組担当時に真実を伝えていなかったという負い目があるし、岸本にはいじめで自殺した同級生を救えなかったという悔恨がある。

「エルピス」とはギリシャ神話でパンドラの箱からさまざまな厄災が飛び出したあと最後に残されたもので、「希望」とも「(災いの) 予兆」とも訳されるそうだ。今後の展開は予測できないが、負い目を持つ者たちだからこそ辿り着ける正義があり、それが希望につながると信じたい。渡辺あやの脚本、大根仁の演出に期待している。

第47回　ドラマに希望を感じた一年——『鎌倉殿の13人』

（二〇二二年一二月二八日）


　NHK大河ドラマ『鎌倉殿の13人』の最終回にやられてしまった。そこで今回は、三谷幸喜脚本によるこのドラマの話から始めて、最後に駆け足で年間回顧をしておきたい。

『鎌倉殿』は群像劇を得意とする三谷らしく、英雄の華ばなしい活躍や立身出世や派手な合戦シーンを描く大河とは一線を画す。むしろ、各登場人物の死をいかに描くかということから逆算して人物造形がなされているのではないかと思うほど、退場シーンが秀逸だった。上総広常（佐藤浩市）、源義経（菅田将暉）、比企能員（佐藤二朗）、阿野全成（新納慎也）、源頼家（金子大地）、畠山重忠（中川大志）、和田義盛（横田栄司）、源実朝（柿澤勇人）らはみな死ななくてもよかったのに命を奪われた者たちだ。いずれも、俳優たちが一世一代の名演技を披露する場が用意され、視聴者に惜しまれつつ去っていった。

　圧巻だったのが、最終回で描かれた主人公・北条義時（小栗旬）の死だ。これから総集編の放送（二九日など）もあるので詳しい説明は控えるが、尼将軍・政子（小池栄子）のすすり泣きの声とともにブラックアウトする幕切れは、なんとも言えぬ余韻を残した。

本来、源頼朝（大泉洋）の死後、北条時政（坂東彌十郎）ら宿老たちによって組織された合議制を表すはずの「13人」のもう一つの意味も最後に明かされ、このドラマが「死」をめぐるドラマだったという思いを強くした。私たちの歴史は膨大な死者たちの記憶の上に成立しており、そこにどんなドラマを見出すかにフィクションの醍醐味《だいごみ》があるのだと改めて思う。

最後に、豊作だった二〇二二年のテレビドラマを簡単に振り返っておきたい。

このコラムでも取り上げた『エルピス―希望、あるいは災い―』（関西テレビ）、『恋せぬふたり』（NHK）、『石子と羽男―そんなコトで訴えます？―』（TBS）に加えて、坂元裕二脚本の新しい警察ドラマ『初恋の悪魔』（日本テレビ）や聴覚障害者と健常者のコミュニケーションを描いた『silent』（フジテレビ）、コロナ禍でのサバイバルを描いた『あなたのブツが、ここに』（NHK）、芸術的表現を見せつけた『忠臣蔵狂詩曲No.5 中村仲蔵 出世階段』（同）など、幅広いテーマや表現方法の名作ドラマの数かずが生み出され、テレビドラマの未来に希望を感じた一年だった。

第48回　ドラマ史＝社会を映す鏡——ドラマの歴史を振り返る

（二〇二三年一月二五日）

今回から三回にわたり、テレビドラマの過去・現在・未来の話をしようと思う。今回はドラマの歴史を振り返る。

テレビ草創期から『私は貝になりたい』（KRT＝現TBS、一九五八年）など名作が数多く生み出されたが、ドラマの最初の黄金期は七〇年代後半から八〇年代初めにかけてだろう。山田太一作『岸辺のアルバム』（TBS、一九七七年）や向田邦子作『阿修羅のごとく』（NHK、一九七九、八〇年）など、傑作とうたわれる作品が次々と生み出された。

八〇年代後半になるとバブル経済に向かって世の中が華やぐのに呼応して都会の男女の恋愛にフォーカスした「トレンディドラマ」が席巻する。

九〇年代は湾岸戦争とバブル崩壊で幕を開け、中盤で阪神淡路大震災や地下鉄サリン事件が起こる。そんな世相を反映してか、飯田譲治作『沙粧妙子——最後の事件——』（フジテレビ、一九九五年）や西荻弓絵作・堤幸彦演出『ケイゾク』（TBS、一九九九年）など、不穏な雰囲気を湛えたドラマが多数生まれた。

その一方で、禍々《まがまが》しい時代だからこそささやかな日常を愛おしく描いた北川悦吏子作『ロングバケーション』（フジテレビ、一九九六年）が大ヒットした。バブル崩壊後の停滞期を「神様がくれた長いお休み」と呼ぶこの恋愛ドラマは、多くの人びとの心をつかんだ。両者をつなぐかのように、禍々しくも美しい純愛ドラマを書いた脚本家・野島伸司の活躍も忘れがたい。

二〇〇〇年代には不穏なドラマの延長線上に、病院や警察を舞台に人の生死を描いた作品が乱立するが、その一方で、非日常的な出来事をとおして日常の尊さを描く傑作ドラマも登場した。宮藤官九郎脚本の『木更津キャッツアイ』（ＴＢＳ、二〇〇二年）や木皿泉の『すいか』（日本テレビ、二〇〇三年）などがそれにあたる。

そして震災後には幽霊の登場するドラマが増える。多くの場合、恐ろしい幽霊ではなく家族や大切な人を見守る温かい幽霊である。震災後の死生観の変化をそこに読み取ることができるだろう。

このように見てくると、ドラマは社会を映し出す鏡だと改めて思う。だからドラマ史を振り返ることは、教科書には載らないような人びとの営みを改めて思い起こし、当時の人びとの暮らしや息遣いに思いを馳せることにほかならないと思うのである。

第49回　経験＋感覚のアップデートを――『silent』

（二〇二三年二月二二日）

三回にわたってテレビドラマの過去・現在・未来について考えるシリーズ。二回目の今回は「現在」について。

昨年話題となったドラマ『silent』（フジテレビ）を例に、昨今話題の（1）多様性（2）倍速視聴（3）テレビと配信の関係を考えてみたい。

まず（1）多様性について。『silent』では、高校卒業後に「若年発症型両側性感音難聴」により耳が聞こえなくなった佐倉想（目黒蓮）と、高校時代の恋人・青羽紬（川口春奈）との再会と恋愛が描かれ、若者を中心に支持された。音のない世界に生きる人びとの現実を直視しながらも、障害を特別視して私たちの日常から切り離すのではなく、言葉が通じなくてもいかに日々のコミュニケーションを取り心を通わせていくかというテーマが、多くの視聴者を惹きつけたのではないだろうか。

次に（2）の倍速視聴。昨今、通常よりも速い速度でドラマや映画を見ることで、効率的に情報を取り出そうとする「倍速視聴」が話題になっている。『silent』は、登場人物たちの揺れ動く繊細な心情を丁寧に描くことで、倍速視聴に抗う姿勢も評価された。倍速視聴を批判する前に、作り手の側がいかに行間を大切にし、一つ一つのシーンを丁寧に作り込むかが重要だと、本作は教えてくれたと思う。

そして(3)テレビと配信の関係。『silent』は、TVerの見逃し配信やお気に入り登録が歴代最高記録を打ち立てたという。一方で、視聴率は最高を記録した最終回でも9・3パーセント(ビデオリサーチ、関東地区)だそうで、さほど高くはなかった。しかし、だからテレビの時代は終わったと考えるのは早計だろう。現在はTwitterで感想を「実況」しながら見る人も多く、本作に対しても、放送時には毎回、Twitter上に多くの感動コメントが寄せられ、リアルタイムで見ている視聴者の多さを実感させた。つまり、多くの若者が配信で見たとしても、テレビという放送メディアの同時性があればこその盛り上がりだったと思うのである。

『silent』はベテランのプロデューサーと若手の脚本家・演出家が組んだことでも話題を集めた。これまでの蓄積を生かしつつも、若い感性によって感覚がアップデートされていくことで、新しいドラマは生み出されうるのだ。

第50回　未来のためのアーカイブ

（二〇二三年三月二二日）

テレビについて書いてきたこのコラムもいよいよ最終回となった（数えたらちょうど50回目だ！）前回、前々回とテレビドラマの過去・現在を見てきたので、最後に未来の話をして締めくくりたい。

三月二日、「NHK文研フォーラム2023」で「放送アーカイブの『公共利用』」に登壇し、NHKアーカイブスに死蔵されている番組映像を公共の文化資源として公開してほしいと訴えた。「未来の話をすると言いながら、なぜ過去の番組のアーカイブの話なんだ」と思う方もいるかもしれない。しかしアーカイブは未来のためのものなのだ。

私たちが生きる現在は、言うまでもなく歴史の上に成り立っている。そしてちょうど七〇年前にテレビ放送が始まって以来、テレビは歴史的事件はもちろん、歴史の教科書には載らないような日々の暮らしやその時どきの流行、言葉遣い、ファッション、食、家族観・恋愛観など、私たちの生きるこの世界の生々しいありようを映し出してきた。

私たちがまだ見ぬ未来を構想するとき、テレビ番組は格好の教科書となるだろう。たとえばＣＯＶＩＤ‐19に関しても膨大な数のドキュメンタリーはもちろん、リモートドラマや登場人物がマスクを着用するドラマも多数制作された。こうした番組は統計には出てこない感染の実態や人びとの感情をリアルに伝え、未来の私たちがまたパンデミックに襲われたとき、行動指針を考える上で大いに参考になるだろう。

災害に関しても同様だ。だからこそ過去のテレビ番組を参照しやすい環境が必要で、放送局、とりわけ公共放送たるＮＨＫは、私たちのよりよい未来のために、番組のアーカイブをオープンにする努力をしてほしいと切に願っている。

このコラムの初回のタイトルはまさに「過去、現在、未来のドラマの旅へ」だった。ドラマを中心にさまざまなテレビ文化を旅してきたが、旅の伴侶としておつきあいくださった読者の皆様に心からお礼を申し上げたい。ちょうど三月いっぱいで丸一〇年務めた早稲田大学演劇博物館の館長も退任する。四月から一大学教員として新しい生活を始めるが、このコラムを終えても、私のドラマの旅はまだまだ終わりそうにない。未来にははたしてどんなドラマが待っているのだろうか。

終章
ドラマをめぐる旅

第48回「ドラマ史＝社会を映す鏡――ドラマの歴史を振り返る」でごく簡単にテレビドラマの歴史を概観したが、ちょうど日本民間放送連盟の「テレビ70年企画」として、民放onlineに「日本のドラマの大きな流れを振り返る　前・後編」を寄稿したので（二〇二三年一一月八日掲載）、それを基にドラマ史をまとめておきたい。これまで書いてきたことと重複する部分もあるが、総まとめとして読んでいただければ幸いである。

過去のドラマを想起しようとすると、それを見ていた自分の置かれていた状況や周辺の出来事が一緒に甦ってきて、そこからドラマについての客観的な情報だけを抜き出すことは難しい。テレビは日常に溶け込んだメディアだからこそ、画面の中身とそれを取り巻く生活が分かちがたく結びついてしまうからだ。その意味で、ドラマを見たり思い出したりすることはきわめてパーソナルな体験である。そんなわけで、「かつて〈私の〉心に刻まれたドラマ」というはなはだ主観的な基準で、時代背景や世相にもごく簡単に触れつつ振り返ってみようと思う。

1．生放送の時代（一九五〇年代〜六〇年代）

テレビ放送開始からわずか五年後の一九五八年、伝説的な傑作ドラマが生まれた。『私は貝になりたい』（脚本＝橋本忍、演出＝岡本愛彦、ＫＲＴ＝現ＴＢＳ）である。本作は、一人の理髪師が戦後C級戦犯として逮捕され処刑されるまでを圧倒的なリアリティで描いた。前半は導入されたばかりのVTR、後半は生放送だったが、大阪・朝日放送が輸入したビデオデッキに録画していたため、後半の生放送部分も奇跡的に保存されたという（『朝日放送五十年史』）。そのおかげで私たちは本作をDVDで見ることができる。しかしテレビ草創期には、一九六一年から六四年まで放送された人気ドラマ『若い季節』（NHK）などほとんどの番組が生放送だったために、その実際を知ることは難しい。

生放送時には、セットが壊れたり、長すぎるケーブルが絡まったり、俳優たちが勢い余って画面の外に飛び出して突如視聴者の前から姿を消したりと、今で言えば放送事故にあたるようなハプニングが続出したという。しかしそれは必ずしも欠点ではなかっただろう。そうしたハプニングは、その番組が映画のように既にパッケージとして出来上がった作品ではなく、「いま・ここ」でパフォーマティヴに構築されつつあるという事実を再確認させてくれたに違いない。お茶の間にいながらにして、そんな瞬間に立ち会えた生放送時代のテレビ視聴者は、むしろ幸福だったのかもしれない。制作者側もまた、自ら完成した番組を見ることなく、ただ現場だけがあるという緊張感の中にいたことだろう。テレビ文化は、ライブ性と中継性とともに始まったのだった。

一九五八年からの岩戸景気と一九五九年の皇太子ご成婚によりテレビ受像機は一般家庭に

一挙に普及し、一九六〇年にはカラー放送も始まり、一九六四年の東京オリンピックに多くの視聴者が熱狂した。六〇年代の『七人の刑事』や『ウルトラQ』（いずれもTBS）は今も鮮烈に記憶に残っている。NHKの連続テレビ小説（朝ドラ）や大河ドラマも六〇年代に始まった。テレビ時代劇も五〇年代に始まった『半七捕物帳』（NHK）や『旗本退屈男』（KRT＝現TBS）、六〇年代の『丹下左膳』（TBS）、『銭形平次捕物控』（TBS、フジテレビ）、『眠狂四郎』（日本テレビ）などが人気を博し、安定コンテンツとなる。一九六三年には『花の生涯』を皮切りにNHK大河ドラマも始まった。

2. 時代劇ニューウェーブとホームドラマ全盛（一九七〇年代前半）

一九七〇年代は大阪万博で幕を開けた。お祭りに浮かれる一方で学生運動は内ゲバの様相を呈し、一九七二年二月に連合赤軍が人質をとって立てこもるという「あさま山荘事件」が起き、死者三名、重軽傷者二七名を出す惨事となった。これはライブで中継され、NHKと民放を合わせて最高視聴率89・7パーセント（ビデオリサーチ、関東地区）を記録しテレビ史上の大事件となる。このあと、政治闘争は急速に終焉に向かい、三無主義（無気力・無関心・無責任）やシラケ世代といった言葉が若者を指すようになっていく。

この年の元日には市川崑らの『木枯し紋次郎』（フジテレビ）がスタートし、「あっしには関わりのねぇこって」と言ってはコミットを避けようとする紋次郎の姿が時代を一歩先取りしていた（結局のところ、紋次郎は毎回事件に関わらざるをえなくなるのだが）。また、同じ年には勧善懲悪を裏稼業とする「仕掛けて仕損じなし」の『必殺仕掛人』（朝日放送）がスタートし、まさに時代劇ニューウェーブの年だったと言える。

この時期、政治とは無縁に圧倒的な人気を博していたのがホームドラマである。なかでも一九七〇年にスタートした、平岩弓枝脚本、石井ふく子プロデュースによる『ありがとう』（ＴＢＳ）は、第二シーズンで民放ドラマ史上最高の56・3パーセントという驚異的な視聴率を記録し、お化け番組となった（石井ふく子のホームドラマについては、第5章の幕間エッセイ「それでもドラマは『日常』を描く」を読んでいただきたい）。

同じく一九七〇年には、奇才・久世光彦演出の『時間ですよ』（ＴＢＳ）が始まる。「松の湯」を舞台にギャグと遊び心満載の新しいホームドラマだった。この手法は、一九七四年の向田邦子脚本、久世光彦演出、作曲家の小林亜星主演によるホームドラマ『寺内貫太郎一家』や、一九七七年の『ムー』、一九七八年の『ムー一族』（いずれもＴＢＳ）など、下町の人情を大事にしつつもより自由奔放な表現のドラマへと発展していく。

一九七〇年に佐々木守脚本『お荷物小荷物』（朝日放送）、一九七一年には早坂暁脚本『天下御免』（ＮＨＫ）といった実験的なドラマも生み出され、どちらも虚実の境界を超えてテレビというメディアそのものを遊び、テレビの自由さを印象づけた。市川森一らが脚本を手がけ、深作欣二、恩地日出夫、神代辰巳らが監督した『傷だらけの天使』（一九七四年、日本テレビ）も忘れがたい。

3．テレビドラマの黄金期（一九七〇年代〜八〇年代前半）

管見では、七〇年代後半から八〇年代前半がドラマの第一次黄金期だった。それを支えたのは、山田太一、倉本聰、向田邦子ら脚本家たちだ。

「渚のシンドバッド」や「ＵＦＯ」が大ヒットを記録してピンク・レディーが人気絶頂だった一九七七年には、テレビドラマ史上に燦然《さんぜん》と輝く『岸辺のアルバム』（ＴＢＳ）が放送される。一見幸せな家族がそれぞれに秘密を抱え、平穏な日常に少しずつ亀裂が走り、やがて長男によって決定的に暴露されたときに家が濁流に飲まれ流されるという衝撃的な展開のドラマで、多摩川決壊の映像とともにジャニス・イアンの「ウィル・ユー・ダンス」が流れてくるオープニングが鮮烈だった。家族それぞれの心の空洞を浮き彫りにし、ドラマの描く家族像を根底から変えた記念碑的作品である。

倉本聰の『北の国から』（一九八一年〜、フジテレビ）は北海道富良野《ふらの》市を舞台に、東京から移住した黒板五郎（田中邦衛）と子どもたち・妹の蛍（中嶋朋子）と兄の純（吉岡秀隆）が厳しい自然のなかで近隣の住民たちとさまざまに交流しながら生活を営む姿を描き、大反響を呼んだ。連続ドラマ終了後も社会問題や世相を盛り込んだ八編のスペシャルドラマが制作され、視聴者は蛍や純の成長のみならず、演じる中嶋や吉岡の成長を見守った。

向田邦子は『だいこんの花』（一九七〇年〜、テレビ朝日）、『時間ですよ』、『寺内貫太郎一家』（いずれもＴＢＳ）などホームドラマでも手腕を発揮していたが、「木下恵介・人間の歌」シリーズ最終作となった『冬の運動会』（一九七七年、ＴＢＳ）、和田勉演出『阿修羅のごとく』（一九七九年、ＮＨＫ）、深町幸男演出『ドラマ人間模様　あ・うん』（一九八〇年、ＮＨＫ）などで一見平穏な家族の日常に潜む秘密や亀裂を抉り出しつつ、情感豊かなドラマを執筆した。絶頂期の一九八一年に台湾旅行中の飛行機事故により急逝したことが惜しまれる。

この時代の山田や向田の家族ドラマでは、日常生活に覆い隠された痛みや空洞感、焦燥感や性的欲望といった、誰もが心の奥底に抱えながらも見ないふりをしてやり過ごしているような感情の機微を、さりげない会話やささやかな行為を通して浮かび上がらせた。テレビドラマは高度経済成長を支えた理想的な家庭という虚構を見せるのをやめ、複雑な感情を抱えた家族同士が分かり合えないことを前提に、それでもいかに寄り添って生きていくかを真摯に問い始めていた。

ＴＢＳから独立して村木良彦、萩元晴彦とともにテレビマンユニオンを設立したディレクターの今野勉も独自の世界を構築し、『天皇の世紀』（一九七三年〜、朝日放送）や『欧州から愛をこめて』（一九七五年、日本テレビ）など、膨大な資料調査に基づいてドキュメンタリーとドラマの境界を越境する作品を作った。初の３時間ドラマとなった『海は甦える』（一九七七年、ＴＢＳ）や『歴史の涙』（一九八〇年、ＴＢＳ）といったドラマも圧倒的なリアリティによって歴史の扉をこじ開けるようなドキュメンタリー的なドラマだった。同時期、ＮＨＫのディレクターだった和田勉も、松本清張シリーズの『ザ・商社』（一九八〇年）、『けものみち』（一九八二年）など重厚な傑作ドラマを生み出した。

七〇年代末から八〇年代初めにかけては現在まで語り継がれる名作ドラマが目白押しだった。タイトルだけ挙げておくと、『３年Ｂ組金八先生』（一九七九年〜、ＴＢＳ）、『探偵物語』（一九七九年〜、日本テレビ）、『ドラマ人間模様・夢千代日記』（一九八一年〜、ＮＨＫ）、『淋しいのはお前だけじゃない』（一九八二年、ＴＢＳ）、『金曜日の妻たちへ』（一九八三年、ＴＢＳ）、『おしん』（一九八三年、ＮＨＫ）などである。その一方で、「教官！　私はドジでノロマな亀です！」というセリフが流行語となった『スチュワーデス物語』（一九八三年、ＴＢＳ）を筆頭に、大仰なナレーションと感情過多な演技でツッコミどころ満載の大映ドラマが話題となった。

4．バブル、恋愛、トレンディ（一九八〇年代後半）

八〇年代は核の脅威が現実味を帯びていた時代だ。日本でも一九八二年から大友克洋の『ＡＫＩＲＡ』の連載がスタートして核戦争後のネオ東京を描き、核の脅威とサブカルチャーが結びついていった。一九八六年にはチョルノービリ（チェルノブイリ）の原子力発電所の原子炉事故が起こる。その一方で、人びとは経済的繁栄を謳歌しつつあった。一九八五年には『夕やけニャンニャン』（フジテレビ）でおニャン子クラブが一世を風靡《ふうび》し、時代はバブル景気に向けてまっしぐらに進んでいく。

一九八六年、鎌田敏夫脚本『男女7人夏物語』（ＴＢＳ）が放送される。都会に生きる若者たちの恋愛を主軸に据えた群像劇で、二〇代の女性をターゲットとする「恋愛ドラマ」として大成功を収める。明石家さんまと大竹しのぶの丁々発止の会話が小気味よく、この恋愛群像劇がその後の恋愛ドラマブームを準備したことは間違いない。

八〇年代後半はトレンディドラマの時代である。その代表作は一九八八年の松原敏春脚本『抱きしめたい！』（フジテレビ）だろう。浅野温子と浅野ゆう子の「Ｗ《ダブル》浅野」をヒロインに据え、岩城滉一、石田純一、本木雅弘らとの恋愛模様と友情を描いた。このドラマではバブル経済を背景に、登場人物たちは当時「億ション」と呼ばれた都内の高級マンションに住み、スタイリストやエリート編集者など当時もてはやされた職業に就き、おしゃれなファッションに身を包み、驚くほど生活臭がなかった。社会全体が一つの壮大なフィクションだった時代の申し子のようなドラマだったと思う。

天皇崩御により一週間で終わった昭和六四年を経て平成へと時代が移行した一九八九年、美空ひばりが逝去。この年、ベルリンの壁が崩壊し、東西の冷戦構造に終止符が打たれた。さまざまな意味で時代が変わる節目の年だった。しかしそんな社会情勢とは無縁に、日本では恋愛ドラマが隆盛を見せる。フジテレビは月曜9時台ドラマ、いわゆる「月9」を恋愛ドラマ枠としてブランド化してゆく。それを支えた一人が、当時のトップアイドル中山美穂だった。

かたやTBSでは内館牧子脚本『想い出にかわるまで』（一九九〇年）が放送され大ヒットした。今井美樹、松下由樹、石田純一らが繰り広げるドロドロの愛憎劇は、同じく一九九〇年の『クリスマス・イヴ』に引き継がれ、辛島美登里《からしまみどり》の歌う主題歌「サイレント・イヴ」が大ヒットした。バブル期、若者たちにとってクリスマス・イヴは一大イベントで、今はなき赤坂プリンスホテル、通称赤プリに彼氏とお泊りするのがトレンドだったと言われる。

バブルは深夜ドラマをも生み出した。なかでも一九八八年にスタートした『やっぱり猫が好き』（フジテレビ）は、もたいまさこ、室井滋、小林聡美の三姉妹がマンションで繰り広げるシチュエーション・コメディとして人気を博した。第23回からは、当時はまだドラマの脚本家としては無名だった三谷幸喜が脚本に名を連ねた。

5. バブル崩壊と禍々しき九〇年代（一九九〇年代前半）

うたかたの日々はいつかはじけて終わる。一九八六年からの土地価格の上昇に伴うバブル景気は一九九一年二月頃から陰りを見せ始め、崩壊へと向かっていく。一九九一年、そんな時代の流れに呼応するかのように、フジテレビの「月9」枠の神話化を決定づける二つの恋愛ドラマが誕生する。坂元裕二脚本の『東京ラブストーリー』と野島伸司脚本の『101回目のプロポーズ』だ。坂元と野島はフジテレビヤングシナリオ大賞の第1回と第2回の受賞者である。

『東京ラブストーリー』は柴門ふみの人気漫画を原作に「東京では誰もがラブストーリーの主役になる」をキャッチコピーとした恋愛ドラマである。私見では、これはもはやトレンディドラマではない。というのも、ここで描かれたのはバブル景気を背景とするゴージャスな恋愛ではなく、等身大の恋愛だったからだ。ヒロインは一般企業に勤め、ごく普通のアパートに住み、普通のOLにも手が届きそうな服を着る。「等身大」は九〇年代恋愛ドラマのキーワードになっていく。原作にもある「カンチ、セックスしよ」という赤名リカのセリフが新しかった。

そしてバブル崩壊を少しだけ先取りし、結果的に時代の転換を象徴してしまったのが『101回目のプロポーズ』である。武田鉄矢演じる達郎が浅野温子演じる薫にフラれてもフラれても諦めない〝恋愛ゾンビ〟として登場する。達郎は、持たざる者となってゆく設定だが、トラックの前に飛び出してかの有名なセリフ「僕は死にません!」（「僕は死にまっしぇーん!」とは言っていない）を叫んで、婚約者が死んだ過去を持つ薫の心をつかむのである。このドラマが、バブル崩壊により何もかもなくした人びとにどれほどの勇気を与えたか、想像に難くない。最終回視聴率は、36・7パーセント（ビデオリサーチ、関東地区）を記録した。

一九九一年には湾岸戦争が勃発し、視聴者はお茶の間で本物の空爆を（凄惨な殺戮の模様は映し出されなかったが）映画のように見ることになる。九〇年代のテレビはこの後もさまざまな禍々しい事件や災害を伝えていくことになる。一九九一年には雲仙・普賢岳が噴火し、一九九五年には阪神淡路大震災と地下鉄サリン事件が起こり、一九九七年には当時一四歳の中学生による神戸児童連続殺傷事件（「酒鬼薔薇事件」）が世に衝撃を与えた。そういう禍々しい世相を反映してか、ドラマも変質していくことになる。

一九九一年には「ジェットコースタードラマ」と呼ばれた『もう誰も愛さない』（フジテ

レビ）が登場する。ごく普通の銀行員が婚約者の目の前でレイプされ、騙され、横領させられ、人まで殺し、服役して出所後復讐の鬼となる怒濤のドラマだ。一九九二年には君塚良一脚本『ずっとあなたが好きだった』（ＴＢＳ）がスタートし、佐野史郎演じる「冬彦さん」が木馬に乗ったり物陰から半顔だけ出してヒロインを見つめるキワモノぶりが話題となった。一九九三年の野島伸司脚本『高校教師』も、純愛ドラマではあったものの、教師と生徒の恋愛、近親相姦、レイプなどが次々と起こる展開が注目を集めた。本作と一九九四年の『人間・失格～たとえばぼくが死んだら～』、一九九五年の『未成年』（いずれもＴＢＳ）は三部作をなす。

さらに猟奇殺人を扱った飯田譲治脚本の『沙粧妙子――最後の事件――』（一九九五年、フジテレビ）が登場する。その背景には、バブル崩壊後の日本の状況のみならず、アメリカのドラマや映画の影響があったことも見逃せない。ベルリンの壁崩壊と東西冷戦終結後のアメリカはソ連という仮想敵を失って「正義」の概念が揺らぎ、正義の体現者たる刑事が心の闇を抱える『ツイン・ピークス』（一九九〇年）や『羊たちの沈黙』（一九九一年）、『セブン』（一九九五年）などが次々と放送あるいは公開された。

こうした流れの中、一九九九年の西荻弓絵脚本・堤幸彦演出の『ケイゾク』（ＴＢＳ）も快楽殺人を扱い、無機質でスタイリッシュな「捜査二係」のセットやデジタル的な映像、それらとは裏腹の中谷美紀演じる警察官僚の髪が臭いという身体的設定など、それまでの刑事ドラマとはまったく異なるテイストにより多くのファンを獲得した。このテイストは『SPEC～警視庁公安部公安第五課 未詳事件特別対策係事件簿～』（二〇一〇年、TBS）に継承される。これら禍々しい時代の禍々しいドラマには、当然のことながら日常会話の入り込む余地はなかった。

6．等身大の恋愛ドラマ黄金期と女性たちの連帯（一九九〇年代後半）

では、日本のドラマのお家芸たる日常会話はドラマから消滅してしまったのだろうか。もちろんそんなことはなく、それは等身大恋愛ドラマに受け継がれた。その代表格が「恋愛の神様」と呼ばれた脚本家・北川悦吏子のドラマである。

一九九五年の『愛していると言ってくれ』（TBS）は、豊川悦司演じる聴覚障害者で画家の晃次と常盤貴子演じる舞台女優志望の紘子の恋愛物語で、二人の恋を等身大の恋愛として描いた点、とりわけ障害を決して特別なものではなく、日常的なものとして描いた点が新鮮だった。

北川の日常性へのこだわりはナチュラルな会話にもいかんなく発揮された。そのナチュラリズムを支えたのが木村拓哉という存在であり、その代表作が恋愛ドラマの金字塔『ロングバケーション』（一九九六年、フジテレビ）である。ぱっとしないピアニストの瀬名（木村拓哉）と結婚式当日に花婿に逃げられた南（山口智子）のごく自然な会話や、2階から投げたスーパーボールが戻ってくるなど数かずの名シーンと相まって、見る者の心の襞《ひだ》にやわらかく沁み込んでくるドラマだった。人生の停滞期を神様がくれた長い休暇と捉えようというメッセージも、バブル崩壊後の長い停滞期を生きる人びとを勇気づけた。

九〇年代にもう一人目覚ましい活躍を見せたのが三谷幸喜である。なかでも一九九四年の『警部補・古畑任三郎』と一九九五年の『王様のレストラン』（フジテレビ）はいまだにファンが多い。『刑事コロンボ』風に冒頭で犯人が明かされる倒叙ミステリーの『古畑任三郎』は、内面や私生活を一切見せない古畑を田村正和が独特のキャラクターに造形し、カメラ目線で視聴者に語りかけるといった斬新な演出がなされた。三谷らしいコメディ要素がふんだんにちりばめられ、一見リアリティのないドラマに見えるものの、暴力や殺人に対して常に毅然とした態度をとる古畑任三郎は、善悪の価値観が揺らぎ始めた時代の正義のありようを示していたのではないだろうか。

『王様のレストラン』で潰れかけたフランス料理店を立て直す千石武（九代目松本幸四郎）もまた、プロとして確固としたポリシーを持つ伝説のギャルソンだった。三谷以降、宮藤官九郎を筆頭に演劇畑出身の脚本家たちがテレビドラマで活躍するようになる。

九〇年代のドラマを支えたもう一人の脚本家として野沢尚を挙げておきたい。野沢は、『素晴らしきかな人生』（一九九三年、フジテレビ）、『この愛に生きて』（一九九四年、フジテレビ）、『青い鳥』（一九九七年、ＴＢＳ）などの恋愛ドラマや、『眠れる森』（一九九八年、フジテレビ）、『氷の世界』（一九九九年、フジテレビ）などのミステリーに手腕を発揮したが、二〇〇四年の『砦なき者』（テレビ朝日）を最後に自死した。稀有な才能が惜しまれる。

そしてこの時代の特徴として特筆しておきたいのが、第1章の幕間エッセイで述べたように、女性たちの連帯を描いた名作ドラマが次々と作られたことである。鎌田敏夫脚本の『29歳のクリスマス』（一九九四年、フジテレビ）、井上由美子脚本『きらきらひかる』（一九九八年、フジテレビ）、大石静脚本『アフリカの夜』（一九九九年、フジテレビ）などが当てはまる。男女雇用機会均等法が施行されてもなお生きづらさを抱える女性たちのゆるやかな連帯を描いて人気を博した。なお、『照柿』（一九九五年、ＮＨＫ）、『タブロイド』（一九九八年、フジテレビ）、『危険な関係』（一九九九年、フジテレビ）などの井上ドラマも忘れがたい。

7. 宮藤官九郎と木皿泉の登場（ゼロ年代）

九〇年代の傾向は二一世紀に入っても続き、二〇〇二年には昼の帯ドラマとして中島丈博脚本『真珠夫人』（東海テレビ／フジテレビ系）が登場する。菊池寛原作の純愛ドラマではあるが、よその女に心を奪われた夫に妻が食事として差し出す「たわしコロッケ」など、キワモノ路線で話題となる。翌年から放送された『冬のソナタ』を中心とする韓流ドラマブームも、思い切り泣けるという意味では非日常的なドラマだったのだと思う。

そんななか、彗星のごとく現れたのが宮藤官九郎（クドカン）だ。二〇〇二年の『木更津キャッツアイ』（ＴＢＳ）は主人公ぶっさんの余命宣告から始まる。ぶっさんの所属する草野球チーム「木更津キャッツ」は、夜は怪盗団「木更津キャッツアイ」として暗躍もするのだが、このドラマの中心はそこにはない。中心となるのは、メンバーたちの取るに足らぬ会話を中心とする日常生活なのだ。現実が禍々しすぎてもはや普通を普通として、日常を日常として描くことが困難になっていた時代にあって、いわば、「普通」や日常の尊さを逆説的に浮かび上がらせるために、非日常的な怪盗団としての活躍が描かれるのである。

宮藤のその後のドラマにおいても、登場人物たちが置かれた状況にかかわらずゆるい日常会話が大事にされ、普通の大切さを確認するために劇中劇や入れ替わりなどの非日常的な手法がとられる。二〇〇〇年に発売されたＰＳ２（PlayStation2）がＤＶＤ-ＲＯＭを搭載し視聴環境の急激な変化をもたらしたことも、視聴率はいまひとつだがＤＶＤが驚異的に売れるというクドカン人気に拍車をかけたのではないか。

ゼロ年代には、宮藤以外にも、実はさまざまな形で日常の大切さを逆説的に表現した作り手たちがいた。その筆頭が当時は夫妻で脚本を書いていた木皿泉である。二〇〇三年の『すいか』（日本テレビ）は、信用金庫職員の早川基子（小林聡美）がハピネス三茶という賄いつきの下宿で家主のゆか（市川実日子）、売れない漫画家の絆（ともさかりえ）、教授（浅丘ルリ子）らと出会い、ゆるやかに変化していくドラマだ。基子の元同僚で三億円を横領して逃亡する馬場ちゃん（小泉今日子）がハピネス三茶にやって来て食べ残しの梅干しの種を見て、自分が捨ててしまった日常の尊さに思い至るシーンは秀逸だった。ここでも非日常を選択した馬場ちゃんを通して、基子たちの何気ない日常が肯定されてゆくのである。

同じく二〇〇三年の橋部敦子脚本『僕の生きる道』（関西テレビ／フジテレビ系）も、事なかれ主義でなんとなく生きてきた高校教師の秀雄（草彅剛）が余命宣告を受けるところから始まり、余命一年をいかによく生きるかという視点から日常が問い直された秀作だった。

この頃のドラマに駆け足で触れておこう。二〇〇七年の『ハケンの品格』（日本テレビ）は派遣社員やフリーターが増加する世相にマッチしていたし、倉本聰脚本の『拝啓、父上様』（二〇〇七年、フジテレビ）はさすがのクオリティで、神楽坂の料亭の大女将で代議士の妾の八千草薫と本妻の森光子が対峙するシーンは圧巻だった。二〇〇八年の『ラスト・フレンズ』（フジテレビ）は同棲相手からのDVやセックス依存症、同性愛などさまざまな悩みを抱える若者たちのシェアハウスでの交流と友情を描いて大きな支持を得た。

8．東日本大震災とドラマの変容（二〇一〇年代）

二〇一一年三月一一日の東日本大震災とそれに続く津波、さらには東京電力福島第一原子力発電所の大事故のあと、テレビドラマやバラエティなどの娯楽は「自粛」され、テレビからはACジャパンのCMばかりが流れた。このことは逆に困難な状況におけるフィクションの必要性を作り手と受け手の双方に認識させたはずだ。

震災前、日本のドラマを席巻していたのは、漫画原作ものを除けば、刑事／警察ものと病院ものだった。人の生死にかかわる場所でしかドラマは成立しえないのかと、絶望的な気分になったりもしたものだ。こうしたドラマでは人は簡単に命を落とし、死は人生の断絶として描かれる。

ところが震災後のドラマでは、生と死の捉え方が大きく変わった。幽霊が登場するドラマが増えたことは、その端的な表れだろう。震災後の幽霊たちは多くの場合、恐ろしいものではなく、家族を温かく見守る存在として描かれる。そこには、死を生との連続で捉え、いかに死者を身近に感じて生きていくか、いかに死者とともに生きていくか、という切実な問いが隠されていたように思う。

とりわけ二〇一一年下期の渡辺あや脚本によるNHKの朝ドラ『カーネーション』は、震災前から準備されていたとはいえ、最終回の「おはようございます。死にました」というヒロイン・糸子のナレーションが象徴するように、全編を通じて「人はみな死ぬ。しかし死は終わりではない」という思想を表現して秀逸だった。

同じく二〇一一年秋に放送された宮藤官九郎脚本の『11人もいる！』（テレビ朝日）では、広末涼子演じる亡き母の幽霊が登場する。星野源の歌う「助け合ったり励まし合ったりしなくていい、それが家族なんです」という歌に表れているように、「絆」や助け合いといった言葉を超えて、家族とは何かが真摯に問われた。

木皿泉の『昨夜のカレー、明日のパン』（二〇一四年）、『富士ファミリー』（二〇一六年、NHK）、『富士ファミリー2017』（二〇一七年、NHK）でも、亡くなった家族が幽霊として登場し、過ぎゆく時間を忘れるのではなく、新しいかたちに再生させることへの希望が込められた。

ポスト震災の状況下でフィクションの意味を考えさせたドラマとして、岡田惠和『泣くな、はらちゃん』（二〇一三年、日本テレビ）にも触れておきたい。ヒロインの越前さん（麻生久美子）は現実生活の鬱憤をノートに漫画を描くことで晴らしていた。ところがはずみでその漫画の登場人物であるはらちゃん（長瀬智也）が現実社会にやって来て、神様である越前さんと恋に落ちる。無垢なはらちゃんは物の名前を覚えて世界を新しく発見し、周囲を変えてゆく。最終的にはらちゃんはフィクションの世界に帰り越前さんは現実の世界で生きてゆくのだが、越前さんが転べば、はらちゃんはそっと傘を差し出してくれる存在であり続ける。ここに、震災以降のフィクションの存在意義が込められていると思う。フィクションは私たちが逃げ込む場所ではなく、辛いときに傘を差し出してくれるものなのだ。

もう一人、触れなければならないのが、脚本家・坂元裕二である。坂元の『それでも、生きてゆく』（二〇一一年、フジテレビ）は、東日本大震災の直後に放送された。直接震災には関係がないものの、かつて幼い妹を殺害された青年（永山瑛太）と犯人の妹（満島ひかり）の恋を描く本作は、喪失や悲しみを超えていかに人と人がコミュニケーションをとりうるかをテーマにしていた。坂元のドラマは常に（しばしば極限的な）痛みを表象する。そして困難な状況のなかで、人はどうやって分かり合えない他者に想像力を働かせ、コミュニケーションをとりうるのか、人はいかによく生きうるのかを問い続けている。

9. 多様性と配信の時代（二〇二〇年代）

二〇一〇年代以降、野木亜紀子脚本『逃げるは恥だが役に立つ』（二〇一六年、ＴＢＳ）

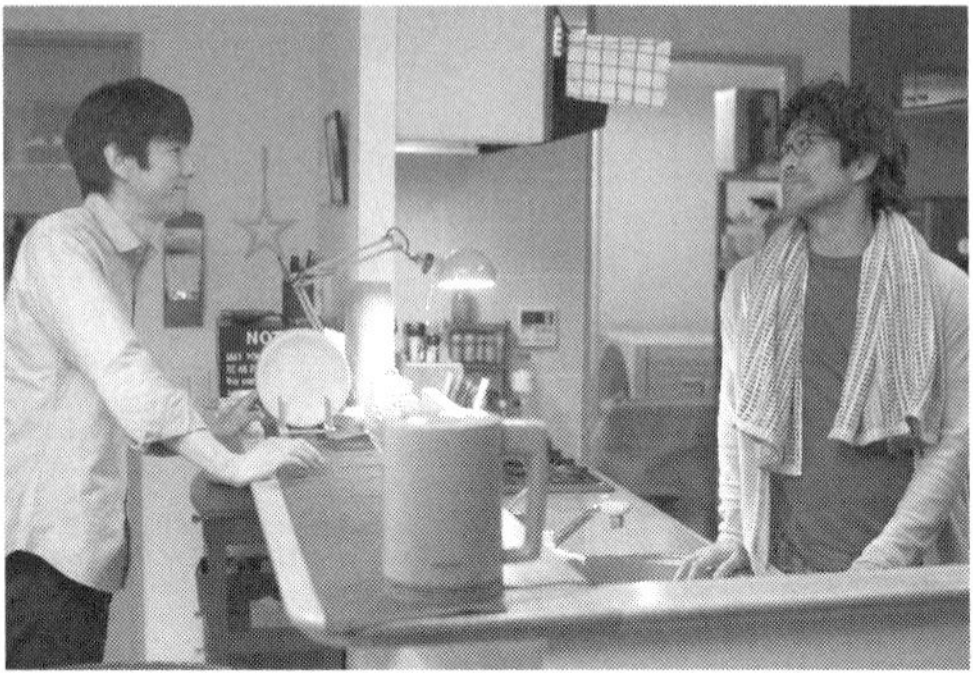

『きのう何食べた？』
©「きのう何食べた？」製作委員会
「きのう何食べた？ season2」Blu-ray & DVD Box好評発売中！

や『コタキ兄弟と四苦八苦』（二〇二〇年、テレビ東京）、安達奈緒子脚本『きのう何食べた？』（二〇一九年、二三年、テレビ東京）、吉田恵里香脚本『恋せぬふたり』（二〇二二年、ＮＨＫ）など、ＬＧＢＴＱ＋の人びとを取り上げた優れたドラマが増えている。中には流行のトピックとして単に消費しているかのようなドラマも見受けられるが、当事者たちや文献から学びつつ真摯に向き合う作り手も確実に増加している。

二〇二〇年から新型コロナウイルス（ＣＯＶＩＤ-19）の感染拡大により、一時的にスタジオでの撮影がストップする事態も発生した。そんな中で、Zoomの画面を使う、限られた俳優とスタッフで撮影するなど、さまざまな工夫を凝らした優れたドラマが生み出された。坂元裕二脚本『Living』（二〇二〇年、ＮＨＫ）や水橋文美江脚本『世界は3で出来ている』（二〇二〇年、フジテレビ）などだ。又吉直樹脚本『不要不急の銀河』（二〇二〇年、NHK）は、感染対策を徹底して撮影する様子を映し出したドキュメンタリー編とセットで放送され、ともすれば人や職業を選別する「不要不急」という言葉を問い直した。

二〇二〇年代にはコロナ禍による自粛生活も手伝って、Netflix や Amazon Prime など配信の需要が一気に高まっている。しかしテレビ離れが叫ばれる一方で、渡辺あや脚本『エルピス―希望、あるいは災い―』（二〇二二年、関西テレビ／フジテレビ系）や野木亜紀子脚本『フェンス』（二〇二三年、WOWOW）など、社会問題や現実を鋭く照射する骨太なドラマも生まれている。若者を中心にTVerでの視聴も定着し、配信やSNSの力を借りながら、テレビの危機を乗り越えて、よい番組がこれからも制作されていくことを心から願っている。

※本章は、民放 online に寄稿した原稿に加筆・修正したものである。
民放 online「日本のテレビドラマの大きな流れを振り返る」（二〇二三年一一月八日掲載）
前編　https://minpo.online/article/70-drama1.html
後編　https://minpo.online/article/70-drama2.html

あとがき――ドラマの旅は終わらない

テレビをめぐる四年間の旅を振り返って思うのは、やはりコロナ禍においてドラマが果した役割の大きさだ。ドラマはさまざまな形でコロナ禍における私たちの日常を映し出し、コロナ疲れでささくれた心を癒してくれた。

第4章の幕間エッセイ「エンターテインメントにできること――東日本大震災と『カーネーション』」でも触れたが、本書が刊行される二〇二四年は令和六年能登半島地震で始まった。被災した方がたに、生活物資と同じようにドラマなどのエンターテインメントが届くことを願っている。そしてさまざまな喪失や痛みを経験した方がたの心に届くドラマが創られることも願わずにいられない。

毎日新聞のコラムの連載が終わってからも、心に残るドラマの数かずが創られてきた。たとえば、沖縄をめぐる問題を真正面から取り上げた、野木亜紀子脚本のオリジナルドラマ『フェンス』には心が震えたし、最終回で語る者／語られる者、救う者／救われる者が反転する野島伸司作『何曜日に生まれたの』にはベテラン脚本家の底力を見せつけられた思いがした。また、NHK連続ドラマ小説『らんまん』では、劇作家としてのキャリアは豊富でもドラマ脚本家としては新人の長田育恵が紡ぎ出すやさしい言葉に、毎朝心が和んだ。

こうした素晴らしいドラマがある限り、ドラマをめぐる私の旅は終わらないだろう。


私事ではあるが、この連載が終わると同時に、一〇年間務めた早稲田大学演劇博物館の館長を退任した。小さな大学博物館とはいえ、長がつく立場に立つことの辛さをいつも癒してくれたのも、目先のことにとらわれがちな目を世の中のさまざまな問題に向けさせてくれたのも、ドラマだったと思う。

もう一つ私事を書かせていただくと、毎日新聞の連載が終了する直前の二〇二三年一月に母が他界した。第1章の幕間エッセイ「女性たちのゆるやかな連帯を描いてきたドラマ」で紹介した、岡田惠和による山田太一追悼文「山田太一さんと、テレビドラマと、私と母と」(民放online、二〇二三年一二月二七日)にいたく感銘を受けたのは、「最初に名前を覚えた脚本家は山田太一という人だった。『この人のドラマは面白いから好き』。そう母は言った」という一節にぐっときたからだ。実は私も同じである。母がドラマ、とりわけ山田太一と向田邦子の作品が大好きで、一緒にドラマを見ながらあれやこれや感想を述べ合うのが楽しくて仕方がなかった。本書を母に読んでもらうことはかなわないが、亡き母・秀に本書を捧げたいと思う。

最初にテレビ番組をめぐるコラムを私に依頼してくださった毎日新聞社の佐々本浩材さん、その後担当してくださった犬飼直幸さん、丸山進さん、江畑佳明さんにはたいへんお世話になった。この場を借りて御礼申し上げる。また、拙いコラムの書籍化を企画し、各章の幕間エッセイを提案し、刊行に向けて粘り強くおつきあいくださった早川書房の石井広行さんに心から感謝申し上げたい。

最後に、コラム連載時から常に容赦ないダメ出しとツッコミで支えてくれた夫にも、この際だからお礼を言っておく。

著者略歴

早稲田大学文学学術院教授。前・早大演劇博物館館長。文学博士。専門はテレビドラマ論、現代演劇論。放送番組センター理事、フジテレビ番組審議会委員などの放送関係の委員・役員や、ギャラクシー賞などテレビ関係の賞の審査員、文化審議会委員を務める。共編著に『大テレビドラマ博覧会』（監修）、『六〇年代演劇再考』など。訳書に『新訳ベケット戯曲全集1 ゴドーを待ちながら／エンドゲーム』など。

ハヤカワ新書 024

テレビドラマは時代《じだい》を映《うつ》す

二〇二四年四月 二十 日　初版印刷
二〇二四年四月二十五日　初版発行

著　者　岡《おか》室《むろ》美《み》奈《な》子《こ》
発行者　早川　浩
印刷所　中央精版印刷株式会社
製本所　中央精版印刷株式会社
発行所　株式会社　早川書房
東京都千代田区神田多町二ノ二
電話　〇三‐三二五二‐三一一一
振替　〇〇一六〇‐三‐四七七九九
https://www.hayakawa-online.co.jp

ISBN978-4-15-340024-5 C0274

Printed and bound in Japan

定価はカバーに表示してあります

乱丁・落丁本は小社制作部宛お送り下さい。
送料小社負担にてお取りかえいたします。

未知への扉をひらく

「ハヤカワ新書」創刊のことば

誰しも、多かれ少なかれ好奇心と疑心を持っている。

そして、その先に在る納得が行く答えを見つけようとするのも人間の常である。それには書物を繙いて確かめるのが堅実といえよう。インターネットが普及して久しいが、紙に印字された言葉の持つ深遠さは私たちの頭脳を活性して、かつ気持ちに余裕を持たせてくれる。

「ハヤカワ新書」は、切れ味鋭い執筆者が政治、経済、教育、医学、芸術、歴史をはじめとする各分野の森羅万象を的確に捉え、生きた知識をより豊かにする読み物である。

早川浩

2020年代の想像力

——文化時評アーカイブス2021-23

宇野常寛

いま、この時代に、
虚構が持つ力のすべてを説き明かす

表現の内実よりも作品を語る行為の側に人々が快楽を覚える現代において「虚構」の価値はどこにあるのか？『シン・エヴァンゲリオン劇場版:||』『すずめの戸締まり』『怪物』などへの批評を通じて強大な「現実」に抗うための想像力を提示する最新文化時評三〇篇

ハヤカワ新書
011

みんなで読む源氏物語

渡辺祐真 編

新・大河ドラマ「光る君へ」が
もっと楽しめる!

源氏はこんなに新しい! 『源氏物語』に通じ愛する面々が多方面から集結、その現代的な魅力を語りつくす。川村裕子、ニシダ、俵万智×安田登、三宅香帆、宮田愛萌、鴻巣友季子、円城塔×毬矢まりえ×森山恵、全卓樹、小川公代、近藤泰弘×山本貴光、角田光代

ハヤカワ新書
018